LEONARDO GLIKIN

•

# MATRIMONIO Y PATRIMONIO

# LEONARDO GLIKIN

·

# MATRIMONIO Y PATRIMONIO

To Jennifer and Alan,
our new friends,

24/11/99 -

EMECÉ EDITORES

159.98     Glikin, Leonardo
GLI          Matrimonio y patrimonio. - 1a ed. -
             Buenos Aires : Emecé, 1999.
             232 p. ; 22x14 cm. - (Divulgación)

             ISBN 950-04-1952-1

             I. Título - 1. Autoayuda

Diseño de tapa: *Eduardo Ruiz*
Fotografía de tapa: *Alejandra López*
Fotocromía: *Moon Patrol S.R.L.*
*Copyright © Leonardo J. Glikin, 1999*
*© Emecé Editores S.A., 1999*
Alsina 2062 - Buenos Aires, Argentina
Primera edición: 5.000 ejemplares
Impreso en Verlap S.A.,
Comandante Spurr 653, Avellaneda, febrero de 1999

E-mail: editorial@emece.com.ar
http: // www.emece.com.ar

IMPRESO EN LA ARGENTINA / PRINTED IN ARGENTINA
Queda hecho el depósito que previene la ley 11.723
I.S.B.N.: 950-04-1952-1
23.549

A Mónica, Alejandro y Candela.

# Prólogo

La planificación financiera personal es una práctica en pleno auge, empleada y valorada por una creciente cantidad de jefes de hogares y empresarios familiares en todo el mundo. El libro del doctor Leonardo J. Glikin sobre *Matrimonio y Patrimonio* sumará nuevas reflexiones al ejercicio de la planificación financiera personal y contribuirá a hacer de la Argentina un campo nuevo y sólido para esta profesión.

¿Por qué la planificación financiera personal se ha convertido en un fenómeno tan importante? Para referencia del lector, estimo que hay unos cincuenta millones de hogares y empresas familiares en el mundo que basan sus finanzas en una planificación organizada, con asesoramiento profesional calificado, y que la mayoría de esas personas han adoptado esta disciplina en el transcurso de esta última década.

Son diversas las causas que explican la popularidad creciente de la planificación personal. Entre ellas, puedo mencionar las siguientes:

Los jefes de familia y los directores de empresa reconocen la necesidad cada vez más imperiosa de crear su propio futuro y de prepararse para él. Dicho de otro modo, saben que sus hijos, su fondo de jubilación, su plan de medicina prepaga y la "buena suerte" no bastarán para responder satisfactoriamente a sus necesidades futuras, especialmente a medida que la expectativa de vida siga aumentando.

Hay una nueva aptitud (tal vez impulsada por la abundancia de información en nuestro mundo "electrónico") para admitir, reconocer y expresar aquello que más nos preocupa (y que, por lo general, se refiere a la salud, la familia y el dinero). Asimismo, estamos en condiciones de hablar de estas cuestiones antes de que sean parte efectiva de nuestras vidas (vale decir, mientras aún son escenarios hipotéticos, o cuando son cosas que ocurren a otros). Y, además de hablar, podemos investigar y planificar la mejor manera de atender esas situaciones, si en algún momento se convirtieran en eventos reales.

En estos casos, que bien pueden ser hechos futuros posibles (como un divorcio o el nacimiento de un hijo) o hechos futuros ciertos (como la muerte), interviene una mezcla de riesgos (como lo sería la incapacidad prematura del cónyuge o de quien dirige una empresa) y de oportunidades (como cuando un pariente quiere invertir o participar en la dirección de un negocio familiar).

Las personas que se valen de la planificación financiera personal confían en que pueden mejorar enormemente sus resultados futuros si prevén dichas necesidades, situaciones, riesgos y oportunidades. Quien hoy elabora e instrumenta un plan personal aumenta de una manera notable sus probabilidades de éxito futuro, y reduce en la misma medida el daño emocional y las decisiones desafortunadas que se producen, típicamente, cuando hay que hacer frente a un "hecho sorpresivo", sin el respaldo de un plan de acción diseñado en forma anticipada.

Detrás del rápido crecimiento de la planificación financiera personal hay una tercera fuerza, que es el desarrollo de la profesión en sí misma. Los profesionales, los instrumentos de análisis que utilizan y la información hacen que al público le sea mucho más fácil entender esta práctica, confiar en ella y aplicarla en su beneficio.

Vemos un ejemplo de estas fuerzas en el desarrollo que está teniendo la planificación financiera personal en la Argentina. Leonardo Glikin y los demás profesionales que integran el Capítulo Argentino de la *IAFP* demuestran que la educación y el trabajo en red, cuando están al alcance de la gente, aumentan la visibilidad y la valoración de los profesionales planificadores. Y, a través de ello, también aumenta la inclinación de la gente a utilizar este proceso tan oportuno y beneficioso. En especial, admiro lo que se está haciendo en la Argentina, por la forma en que los planificadores de la organización coordinada por Leonardo se están centrando en segmentos específicos del proceso de planificación, muy relevantes en la Argentina de hoy (como, por ejemplo, la sucesión en la familia y en la empresa).

Por fin, me permito felicitar a los que lean este trabajo sobre *Matrimonio y Patrimonio* y tomen decisiones basadas en él. Las personas que recurren a la planificación financiera demuestran ser esclarecidas y disciplinadas en la administración de sus propios asuntos, y tener el coraje de actuar en forma anticipada, aun cuando las circunstancias no parezcan justificar, todavía, estas acciones.

Una vez, manifesté esta opinión al propietario de una empresa, satisfecho porque acababa de encarar un exhaustivo plan de sucesión para su negocio familiar y que, a partir de esa circunstancia, estaba compartiendo más información personal, inquietudes y aspiraciones con su esposa. Al verlo felizmente casado, sano y próspero en su actividad laboral, le pregunté qué lo había motivado, en un momento así, a emprender una planificación.

Y me respondió: "En mis últimas vacaciones fui a México. Sabe usted, allí tuve la oportunidad de ver a los famosos clavadistas de Acapulco. Les pregunté cómo hacían para salir ilesos, luego de arrojarse al mar en un sitio tan lleno de rocas. Y me dijeron: 'Hay que saltar del acantilado cuando uno ve las rocas, no el agua. Entonces, al llegar al mar, va a estar allí la ola siguiente, para amortiguar la caída. Si nos lanzáramos cuando se ve solamente agua, al llegar al pie del acantilado encontraríamos solamente rocas".

Lo mismo ocurre con la planificación personal Si hay algo que uno debería superar, es la tendencia a esperar, a no actuar hasta que se haya vuelto obviamente necesario...

Es necesario actuar, antes de que la ola llegue.

Peter A. Lefferts
Director de la
*International Association for Financial Planning*
Minneapolis, enero de 1999.

# Prefacio

No nos queda más remedio que aprender de los errores ajenos. La vida es demasiado corta para que cometamos todos los errores nosotros mismos. Este es un libro basado en los errores ajenos. Porque, a partir de la capacidad de enamorarnos y desencantarnos, nos enfrentamos a decisiones trascendentes (casamiento, divorcio, convivencia, esperar hasta que aclare) que sólo pueden tomarse con éxito si conocemos lo que les ha ocurrido a otros en similares circunstancias.

Muchas personas enamoradas temen que el matrimonio las encasille, que les reste espacio para amarse y las confine a representar modelos en los que no creen. Detrás de estos temores, lo que deben enfrentar es un claro dilema: ¿es el matrimonio el camino ideal para su pareja?

Otras personas desean el matrimonio, pero temen las consecuencias de un divorcio: conocen (o han experimentado por sí mismos) los reveses económicos que suele producir la ruptura para alguno de los cónyuges.

En cualquier caso, quien cuenta con suficiente información referida a su propia situación legal y a la de su pareja está en mejores condiciones para conducirse de manera adecuada y evitar errores que pueden pagarse muy caros.

A lo largo de los años, el ejercicio de la Abogacía me ha permitido conocer un sinfín de situaciones donde convergen los afectos y el patrimonio: divorcios, sociedades, sucesiones. Como bien resume mi editora, "cuestiones de besos y de pesos".

Frente a situaciones delicadas, y a veces dramáticas, me resultó inevitable agudizar la observación, extraer conclusiones e intentar un abordaje superador. Por eso, en los últimos tiempos estoy empeñado, junto a un grupo cada vez más numeroso de profesionales, en difundir y practicar la Planificación Patrimonial, Sucesoria y Financiera, como camino posible para prever situaciones de riesgo y prevenir aquellos conflictos que se pueden evitar, todo lo cual ayuda a vivir mejor.

Ya que la información es un factor clave, y puesto que el acceso a ella define, muchas veces, el atino o el costoso error de una decisión, parece legítimo pensar que la información es poder. Poder que, según los casos y las personas, se concibe como algo necesario, o bien deseado, negado o temido...

Cuando este "poder de la información" entra en juego en la pareja (y, muy especialmente, si esa información se refiere al patrimonio), se mueven mecanismos sutiles, que van desde el replanteo del equilibrio de fuerzas ("Si te dejo saber cosas, te otorgo un lugar nuevo que antes no tenías") hasta la suspicacia y el recelo ("¿Por qué, ahora, de pronto, el otro quiere saber? ¿Se estará trayendo algo entre manos?").

Así, pues, una esposa se entera de determinada información patrimonial que su marido no le había comunicado, pero finge ignorar, para no provocar lo que, cree, podría llevar a una mala reacción. Algo le dice que, para evitar roces, lo más conveniente es mantener un lugar anodino. ¿Será ésta la solución? ¿No sacará a relucir viejas cuentas esta esposa, en el momento menos pensado, con consecuencias lamentables?

Es cierto que, en muchos casos, frente a un cambio de posición de parte de la mujer, el esposo interpreta una suerte de rebeldía, y hasta de traición: es que, de pronto, la compañera comienza a modificar costumbres que parecían adoptadas para siempre. ¿Peligro en ciernes?

Pero en otros casos, aunque parezca increíble, ese esposo, al principio despectivo e irónico, comprende que algo en su pareja no era tan parejo, y que eso no era bueno para ninguno de los dos. El acceso de su compañera a la información hace que muchas decisiones empiecen a compartirse, y esto, claro está, además de requerir ajustes, brinda una inmensa posibilidad de crecimiento.

Estas páginas señalan los conflictos que otros han vivido, para que la experiencia de los demás aliente conductas nuevas, más sabias y alertas.

Los conflictos que sobrelleva una pareja se traducen en su patrimonio de diferentes maneras: a veces, la desarmonía les impide ganar, acumular y crecer; otras veces, les impide disfrutar de lo que ganan y tienen.

Cuando, por alguna circunstancia, se llega al final de una relación, todas las dificultades de la pareja con su patrimonio amplifican el proceso de crisis, interfieren en la comprensión y traban los acuerdos.

Porque el patrimonio es, a la vez, espejo de una realidad generada en otro ámbito (el de las relaciones de afecto, el sexo, los vínculos familiares, el lazo con los hijos...) y, también, causa y motor de infinidad de conflictos.

Es posible leer este libro en pareja, si cada cual acepta que la lectura y los puntos de interés del otro pueden no ser coincidentes con los propios. En definitiva, comprender las relaciones patrimoniales que se establecen en una pareja ayuda a mejorar los vínculos con el otro, a conocerse mejor y a crecer juntos.

Y también se puede leer individualmente, con la mira puesta en evitar errores o en resolver de la mejor manera problemas que, quizás, están más cerca de lo que parece.

La lectura de este libro puede ayudar, también, a elegir el mejor momento, y la mejor manera, para encarar decisiones trascendentes, tales como casarse o no casarse; divorciarse o no divorciarse.

Por supuesto, también el material está dirigido a los que están felizmente casados y desean construir su patrimonio en forma sana, inteligente y segura.

Llega el momento de agradecer a quienes colaboraron en la gestión del libro, lo que hoy constituye para mí una causa de auténtico orgullo. Para quien ocupó un espacio único como hijo y luego se forjó como profesional independiente, con una práctica casi solitaria desde muy joven, el tener una larga lista de personas e instituciones a las cuales agradecer constituye, al mismo tiempo, una meta alcanzada y un compromiso hacia el futuro.

Agradezco la voluntad permanente de integrar nuevas soluciones para viejos problemas, de parte de todos los miembros del *Consejo Argentino de Planificación Sucesoria, Asociación Civil (CAPS)*; entre todos, destaco especialmente los aportes a este libro de los escribanos José María Orelle y Héctor Slemenson, de la doctora Diana Masri, y de los doctores Oscar Galfré, Daniel Gewisgold y Jorge S. Guerrero.

Agradezco muy especialmente a Peter Hefferts, director de la *International Association for Financial Planning*, por el honor que me brinda al prologar este libro. Y, asimismo, agradezco el apoyo recibido de dicha institución y de Robert Reid, de la *Asociación Inglesa de Asesores Financieros*; a través del material que me suministraron, me han permitido interiorizarme a fondo de las técnicas de planificación que se emplean en otros países, y de la forma en que se las aplica a cuestiones familiares y patrimoniales.

Menciono especialmente la colaboración de la doctora María Sol Díaz Hermelo en la documentación técnica de esta obra, y el eficiente apoyo en la tarea profesional cotidiana que siempre me brinda la doctora Bettina Janá.

Algunos de los casos que se narran provienen de las fructíferas reuniones que mantiene el Instituto de Derecho de Familia, del *Colegio Público de Abogados* de Capital Federal. Agradezco el honor de poder compartir, en dicho ámbito, un espacio con mis distinguidos colegas.

Agradezco a mi editora, la licenciada Paula Tizzano, su vocación por pasar en limpio ideas en borrador.

Y, por supuesto, agradezco a Mónica, mi mujer, que siempre está.

Un libro de divulgación nunca reemplaza el asesoramiento preciso y calificado, adaptado al caso concreto: así como los artículos de divulgación médica crean conciencia sobre la necesidad de consultar a un facultativo, en relación con zonas problemáticas de la propia salud, este texto invita a sus lectores a consultar con profesionales expertos en la materia.

Partimos de la idea de que quien ignora sus derechos o sus posibilidades prácticas de ejercerlos no está en condiciones de tomar decisiones adecuadas en ningún aspecto de la vida. Por lo tanto, el primer requisito para que los conflictos no nos dominen, y para no ser víctimas pasivas de las circunstancias, es conocer y respetar los derechos de cada cual.

Es tal la significación de los derechos en la vida de cada persona, que todavía resuenan las palabras acuñadas por Susan Anthony, en las épocas más duras de la lucha por la igualdad entre los sexos: "La verdadera República: los hombres, sus derechos, y nada más; las mujeres, sus derechos, y nada menos".

Que así sea.

# CAPÍTULO I

# El patrimonio

## Palabras, palabras, palabras...

Leemos, en un cuadro del humorista Crist, que el matrimonio es lo que une a un hombre y una mujer, y el patrimonio es aquello que los separa.

Algún sociólogo de café ha sostenido que el matrimonio es lo que le importa a la madre, y el patrimonio lo que le importa al padre. Y cierta razón le da la etimología, si tenemos en cuenta que "matrimonio" proviene del latín: *matris*, "de la madre", y *munium*, "carga" o "gravamen". Es decir que el matrimonio sería la "carga de la madre".

Sin embargo, y más allá de chanzas y raíces etimológicas, en muchísimos casos lo que une a un hombre y una mujer en nuestra cultura y nuestro tiempo es el amor; a partir del amor se desarrolla el matrimonio, y sobre este cimiento se construyen la familia y el patrimonio. Y lo que algún día los separa no es el patrimonio, sino el fin del amor.

Y también abundan, por suerte, los padres y las madres que desean para sus hijos la felicidad, y son capaces de comprender que ésta no siempre se plasma en un matrimonio ni en un patrimonio medido en cantidad y volumen de bienes materiales.

Pero, debemos reconocer, la historia del mundo demuestra que muchos matrimonios se fundan en el patrimonio.

Si nos atenemos a la definición estricta, PATRIMONIO es todo aquello dejado por los padres; en otros términos, la herencia. No obstante, en un sentido más amplio, también es patrimonio todo aquello que pertenece a una persona.[1]

Más específicamente, el patrimonio es el conjunto de bienes de una persona, más las deudas y compromisos asumidos que lo hacen mermar.

Dentro del patrimonio se encuentra el CAPITAL, palabra que proviene del latín *capita* y que significa... "cabeza".

MATRIMONIO es, desde el punto de vista civil, la unión legal del hombre y la mujer.

MATRIMONIO CONVENIENTE es el que contraen dos personas que, al unir sus destinos y respectivas fortunas y capacidades, tienen la expectativa cierta de aumentar su patrimonio.

En cambio, MATRIMONIO POR CONVENIENCIA es el que contrae una persona en atención casi exclusiva al patrimonio de su cónyuge o de la familia de éste.

Quien resulta víctima de un matrimonio por conveniencia generalmente no se da cuenta de ello ni aunque sus amigos se lo adviertan, porque, según se dice, "ha perdido la cabeza", lo que, muchas veces, es el paso previo a perder el capital.

## Todo por amor

Son muchos los puntos de contacto entre el matrimonio y el patrimonio: de hecho, el tenor material de una relación amorosa puede marcar su desarrollo y su destino.

Como se han ocupado de hacer constar las películas, novelas y folletines en todas las épocas (*La princesa que quería vivir*, por ejemplo), una diferencia patrimonial o so-

---

[1] Desde el punto de vista legal, son "personas físicas" los seres humanos, y "personas jurídicas", las sociedades comerciales, fundaciones, etcétera.

cial muy marcada entre los novios puede terminar truncando una historia de amor. En esos casos, se habla de amor imposible.

Otras veces, esa historia se hace posible pero sólo a costa de la rebeldía o el renunciamiento de alguno de los enamorados. Viene a colación la historia del Duque de Windsor, quien renunció al trono de Inglaterra para vivir su amor con la plebeya Wally Simpson. En estos casos, el vínculo con el patrimonio cede frente al compromiso con el matrimonio.

En los relatos de amor romántico, se presentan elecciones de vida en que el ideal (optar por el amor como expresión del espíritu) triunfa sobre lo material (las consideraciones de linaje, grupo social o dinero).

## Donde hay una persona, hay un patrimonio (o dos, o más...)

Al patrimonio se lo considera un *atributo de la personalidad*. Vale la pena detenerse a pensar en ello. Significa, en otras palabras, que toda persona posee un patrimonio, ya que éste existe aun cuando las deudas sean superiores al activo.

Y esto es así hasta tal punto, que el patrimonio, único e indivisible, sólo se puede transmitir una vez muerta la persona, cuando el fallecimiento de ésta hace desaparecer el soporte físico que sostenía a aquél.

A lo largo de la historia, se fueron generando mecanismos que suavizaron este carácter "indivisible" del patrimonio heredable: por ejemplo, en una sucesión en la que el pasivo supera el activo, los herederos se desligan de toda responsabilidad personal por aplicación del "beneficio de inventario". Entonces, el patrimonio de la persona fallecida no se confundirá con el de los herederos, y los acreedores se podrán cobrar las deudas exclusivamente de los bienes del difunto, sin que el heredero con beneficio de inventario se encuentre obligado a pagar.

Institutos legales tales como el BIEN DE FAMILIA,[2] por un lado, o el FIDEICOMISO o el *trust,* por otro, constituyen excepciones a la regla que dice que "el patrimonio es la prenda común de los acreedores". La consecuencia práctica de estas excepciones es que a diferentes bienes que podrían conformar el patrimonio de una misma persona, se los considera de manera muy diferenciada: un bien de familia, por ejemplo, no puede ser rematado por un acreedor, y un bien incluido en un fideicomiso no es considerado como parte del patrimonio del deudor; es decir que tampoco puede ser rematado por las deudas de éste.

## Patrimonio y poder

—*Papá está tan pendiente de sus ahorros, que creo que va a morir exactamente el día que se le acaben —se quejaba Lucrecia en reunión de familia.*

En casos como éste, "tener" es "poder"; se confirma en la práctica un postulado de Sigmund Freud, conocido como el de las "ecuaciones simbólicas". Esto significa que, en el inconsciente, ciertas representaciones distintas quedan asimiladas a un mismo símbolo. Una de estas ecuaciones, según el padre del Psicoanálisis, es la que asimila el "dinero" y el "falo", como símbolo de poder.

Hasta tal punto es así, que en alemán, la palabra *Vermogen* significa, al mismo tiempo, "poder" y "patrimonio".

En castellano hay otro par de palabras que sugiere la misma relación: *potencia* (como poder, incluido aquí el sexual) y *potentado* (como sinónimo de "solvente" o "acaudalado").

No creo que sea, simplemente, una curiosidad, sino la definición más perfecta del significado del patrimonio, para la vida de muchas personas.

---

[2] Véanse los capítulos 10 y 18.

Por supuesto, otros objetarán que no tienen interés alguno en las cuestiones patrimoniales, así como hay gente que no vive pendiente de ejercer el poder y que dice no actuar inspirada en él. El poder puede emplearse bien o causar muchos dolores de cabeza. El poder puede acabar con la felicidad, si no se es cuidadoso en su manejo. Puede incrementarse o perderse. Igual que el patrimonio. Comprender los distintos significados que el patrimonio tiene en la vida de las personas puede ayudarnos, en gran medida, a entender lo que sucede en la pareja y a tomar las mejores decisiones.

El desafío es pensar qué lugar ocupa el patrimonio dentro de nuestra pareja y de qué formas podemos emplearlo para que sea un factor de felicidad, y no de conflicto u opresión.

## La composición del patrimonio

El patrimonio está compuesto por activos (lo que se tiene, incluyendo créditos por percibir) y el pasivo (las deudas). El activo puede estar conformado por bienes materiales (como una casa) e inmateriales (como los derechos de autor de una obra musical).

A su vez, se puede clasificar a los bienes materiales en:

- muebles (una mesa);
- inmuebles (una casa);
- semovientes (un animal; en general, los "muebles que se mueven").

Una clasificación que trae consecuencias especialmente importantes, en el régimen del matrimonio, es la que diferencia a los bienes registrables de los que no lo son, ya que, en el caso de los bienes registrables adquiridos durante el

23

matrimonio, se requiere el asentimiento[3] del cónyuge no propietario para venderlos o constituir una garantía *real* (como una hipoteca, en el caso de los inmuebles, o una prenda, en el caso de los automotores).

Ejemplos de bienes registrables son los inmuebles, que se inscriben en el Registro de la Propiedad Inmueble; los automotores, que se asientan en el Registro de la Propiedad Automotriz; los aviones, que se inscriben en el Registro de Aeronaves, etcétera.

Según su origen, y en relación con el matrimonio, los bienes pueden ser:

• PROPIOS DE UNO DE LOS CÓNYUGES: aquellos adquiridos antes del matrimonio, o adquiridos después del matrimonio con el producto de la venta de bienes propios, o los que se reciben durante el matrimonio por herencia, legado o donación.

• GANANCIALES, son todos los bienes adquiridos durante el matrimonio, de cualquier otra manera a las expuestas en el punto anterior: sea por el trabajo personal, por la renta de los bienes propios (como puede ser el alquiler de un departamento), los dividendos de una inversión en acciones, el premio de un billete de lotería, etcétera.

## Activos estáticos y dinámicos

Una persona recibe una renta de $ 1.000 mensuales. ¿Es igual que ese ingreso sea producto del alquiler de una propiedad, de los resultados de una empresa, o de los intereses por un préstamo de dinero?

Seguramente no, ya que cada situación va a requerir diferentes esfuerzos para controlar la inversión; cada caso tiene disímiles oportunidades de crecimiento y de decadencia a lo largo del tiempo.

[3] El *Código Civil* argentino utiliza, incorrectamente, la palabra "consentimiento".

La diversidad de activos que compone un patrimonio permite caracterizarlos como "estáticos" o "dinámicos".

Un ejemplo de "activo dinámico" es una empresa en funcionamiento: el valor se mantiene, aumenta o disminuye, en función de lo que se haga o se deje de hacer cotidianamente, y no es la suma automática de cada uno de los componentes materiales (muebles y útiles, automotores, inmuebles). Además, la empresa tiene la potencialidad de generar nuevas ganancias.

En cambio, el "activo estático" tiene un valor de mercado determinable sin necesidad de considerar, como dato principal, la conducta o las decisiones de sus titulares o administradores; dentro del patrimonio estático se pueden mencionar los inmuebles, automotores, muebles de una casa, etcétera.

A través del siguiente caso, podemos comprender las diferencias de índole práctica que ofrecen las dos clases de activos:

*Marcela está casada con Pablo desde hace dieciocho años. Son dueños del departamento donde viven, que está inscrito como bien de familia, y tienen también una casa de fin de semana. Pablo es el presidente de una sociedad anónima dedicada a la importación y venta de maquinarias para la industria de la construcción. Las acciones de la empresa pertenecen, por partes iguales, a Pablo, su padre y su hermano.*

*Hace dos meses, como consecuencia de una fuerte discusión, Pablo se fue de la casa, y amenaza a Marcela con "dejarla en la calle".*

*Marcela decide protegerse y consulta con un abogado, quien le explica lo siguiente:*

*a) Como el departamento donde viven está inscrito como bien de familia desde hace varios años, no corre grandes riesgos de que un acreedor (aunque sea fraguado por su propio esposo) agreda el inmueble a través de un embargo o de alguna otra medida, aunque dicho bien esté inscrito a nombre*

25

*de Pablo exclusivamente. Tampoco lo podría vender ni hipotecar, porque, para cualquier decisión de esa naturaleza, necesitaría el consentimiento (exactamente, el "asentimiento") de Marcela. Aun si el departamento fuera sólo de Pablo, anterior al matrimonio, y aunque no hubiera estado inscrito como bien de familia, el hecho de que Marcela viva allí con sus dos hijos menores determina, forzosamente, que para venderlo o hipotecarlo sea imprescindible el asentimiento de Marcela, en tanto madre de los menores.*

*b) En cuanto a la casa de fin de semana, puede resultar conveniente que Marcela trabe una medida de embargo. Si bien la venta del inmueble no se puede realizar sin el consentimiento de ella, es útil que aparezca manifiesto el conflicto familiar en ciernes, frente a cualquier tercero con quien Pablo intente endeudarse. De esta forma, Marcela va a contar con más elementos de prueba para demostrar, en su caso, que este tercero se puso de acuerdo con Pablo en perjuicio de ella.*

*c) El espacio en el que Marcela corre los mayores riesgos es el de la empresa. Porque, si bien se podrían embargar las acciones de Pablo, la clave no consiste tanto en evitar que Pablo las venda (de hecho, es muy difícil que alguien compre).*

*Por el contrario, lo más importante para los intereses de Marcela es poder controlar la toma de decisiones, la facturación, las compras... En síntesis, de nada serviría estar seguros de que Pablo no va a vender las acciones de la sociedad, si no se puede asegurar cuánto va a valer la empresa cuando termine el divorcio.*

Otra de las circunstancias en que resulta importante discriminar el patrimonio estático y el dinámico es la que se produce frente a la llamada "atribución de bienes", al finalizar un matrimonio por divorcio o por muerte de uno de los cónyuges.

Son obvias las consecuencias de que a una persona no capacitada para ello le atribuyan los bienes que conforman el "patrimonio dinámico": no va a estar en condiciones adecuadas de administrar ese patrimonio y va a correr muchos más riesgos que si recibiera inmuebles o dinero en efectivo.

Para que en una crisis matrimonial o en un conflicto entre co-herederos o socios se pueda llegar a una solución duradera y razonable, es imprescindible considerar la mejor manera de administrar el patrimonio dinámico y de controlar adecuadamente su evolución.

No se trata, simplemente, de inventariar las bombitas de luz, los bolígrafos o las sillas instaladas en una fábrica, sino de determinar la manera en que se desarrolla esa organización de bienes y servicios para cumplir su finalidad lucrativa, y de ponerse en condiciones de controlar el proceso.

# CAPÍTULO II

# El matrimonio: ¿Cuestión de Estado o asunto de familia?

## Cómo abrigarse con una frazada corta

"La ley es una frazada corta. Si se la usa para tapar los pies, deja el pecho al descubierto... y viceversa."

Esta descripción no debería quitarle el sueño a nadie. Por el contrario, incluso nos podría tranquilizar.

Porque, en lugar de ilusionarnos con una ley mágica, capaz de resolver todas y cada una de las contingencias de la vida, deberíamos aceptar que las leyes apenas pueden dar pautas generales, y que depende del arte de cada uno el poder aplicarlas de la mejor manera posible.

Tal vez podríamos imaginar las leyes como un camino, y aceptar que cada uno elige con qué equipaje, en qué medio de transporte y en qué horario habrá de recorrerlo.

## Preguntas en busca de respuesta

En cuestiones patrimoniales de familia, hoy está planteada una discusión en la que se juega más que el futuro de los bienes de la sociedad conyugal: podemos decir que se juega, en definitiva, el lugar que queremos ocupar cada uno de los ciudadanos, en relación con el Estado.

- ¿Queremos un Estado que intervenga en la vida privada de las personas e imponga conductas y sistemas inmodificables, aun por acuerdo entre las partes interesadas?
- ¿O preferimos un Estado prescindente, que permita a las personas decidir de acuerdo con sus propios deseos e intereses?
- ¿Debe ocuparse el Estado de cuestiones previsionales y asistenciales de toda la población, aun en el caso de que sus valores y conductas no sean los que el propio Estado promueve?
- ¿O tal asistencia debe estar reservada sólo a los que actúan y piensan de acuerdo con la ideología estatal?
- ¿Existe un "sexo débil" que debe ser protegido en todos los estratos de la sociedad?
- ¿O se puede pensar que la mujer requiere especial protección en determinados estratos y merece un trato totalmente igualitario en otros?
- ¿Es el proteccionismo el método idóneo para igualar a la mujer y al hombre?
- ¿Requiere la familia alguna forma de protección e incentivos especiales?
- ¿Cuál es el punto de equilibrio entre los derechos individuales y el interés familiar?
- ¿A qué llama "familia" la *Constitución*, cuando dispone, en su artículo 14 bis, la "protección integral de la familia"?

Estas son algunas de las grandes preguntas que deberíamos contestar, para que el futuro de todos no quede sujeto a la ideología de los prestigiosos miembros de alguna Comisión Reformadora de las leyes civiles, con títulos suficientemente ganados en ámbitos académicos, pero no por ello representativos del estado de conciencia de la sociedad.

Así como la *Constitución Nacional* marca un procedimiento especial para su reforma, que requiere de la amplia participación ciudadana a través de la elección de convencionales constituyentes, sería bueno instituir un sistema de participación social que, con similar intensidad, debata sobre el dictado de las leyes con las que se irá constituyendo la familia a lo largo del siglo XXI.

## La "autonomía de la voluntad" y el orden público

¿Rige, en el campo de las cuestiones de familia, "la autonomía de la voluntad" (lo que significa, en las palabras que canta el poeta Joan Manuel Serrat, que "cada cual es como es y sube las escaleras como quiere")?

¿O esa voluntad de cada uno queda restringida por el "orden público", es decir, el interés del Estado y su ideología, que establece, de manera imperativa, lo que "debe ser"?

Refiriéndose a las disposiciones del *Código Civil* respecto de la sociedad conyugal, dijo su autor, Vélez Sarsfield: "Casi en todas las materias que comprende este título, nos separamos de los códigos antiguos y modernos. Las costumbres de nuestro país por una parte, y las funestas consecuencias, por otra, de la legislación sobre los bienes dotales, no nos permiten aceptar la legislación de otros pueblos de costumbres muy diversas y nos ponen en la necesidad de evitar los resultados de privilegios dotales...".

La palabra del autor del *Código Civil* aún ejerce una enorme influencia, ya que, casi un siglo y medio después, la Argentina sigue teniendo un sistema diferente del de la mayor parte de los otros países, en especial más rígido, y que confiere poca libertad a las personas, tanto en lo que concierne al patrimonio matrimonial, como a la disposición de bienes por herencia o legado.

Hasta tal punto es así, que actualmente existe en el matrimonio un único régimen legal de los bienes.

El sistema diseñado por Vélez Sarsfield cumplió una función trascendente en la formación del sistema familiar argentino y fijó fuertes pilares para la transmisión de la propiedad entre las generaciones.

Probablemente, fue un sistema apto para poblar un

país con un inmenso territorio y escasos habitantes, ya que ha servido para consolidar los vínculos de parentesco. La cuestión que hoy se plantea es si aquellas pautas siguen siendo representativas en la Argentina del siglo XXI.

## Cambio de cultura, cultura de cambio

Desde que entró en vigencia el *Código Civil* hasta la actualidad, se han producido en el mundo cambios culturales de tal significación, que hoy han perdido sustento las bases de gran cantidad de normas legales.

Esos cambios culturales imponen, al mismo tiempo, una "cultura de cambio", que nos vuelva capaces de asimilar las modificaciones que impone la realidad, sin abroquelarnos en la defensa de pautas superadas.

Veamos algunos datos de nuestra realidad, inexistentes hace apenas algunas décadas:

• La "globalización", que permite invertir en cualquier lugar del mundo y, de la misma forma, trasladar fortunas de un lugar a otro del planeta sin siquiera salir de la propia casa, a través de sistemas de computación e interconexión de datos;
• los avances de la ciencia, con métodos de fertilización asistida, congelamiento de embriones, determinación legal de la paternidad mediante pruebas casi infalibles, etcétera;
• la generalización de las sociedades anónimas, que a veces se utilizan como mecanismo para evitar la plena aplicación de la ley civil;
• la extensión de las expectativas de vida, que hace que un "matrimonio duradero" actual se extienda por el doble del tiempo que un "matrimonio duradero" del siglo XIX.

Durante los últimos años, la familia ha sufrido enormes cambios en el mundo, y en particular en la Argentina:

31

• La ley de divorcio vincular 23.515 permitió a muchas personas regularizar una situación de hecho y casarse con su pareja conviviente.

• Dos años antes de dictarse la ley de divorcio vincular, la ley 23.264, de 1995, dispuso la igualdad de derechos entre los hijos matrimoniales y extramatrimoniales.

• A través de la *Constitución Nacional* de 1994, se dispuso conferir a los tratados internacionales igual rango que a nuestra propia Carta Magna. De tal manera, pasaron a tener valor constitucional, en la Argentina, la Convención de Igualación de Derechos de la Mujer, de 1988, y la Convención por los Derechos del Niño.

Todos estos cambios provocan, a su vez, una importante modificación en la realidad cotidiana.

Cabe preguntarse, en consecuencia, si es posible mantener el rígido sistema familiar y sucesorio estructurado por Vélez Sarsfield a mediados del siglo XIX, con un muy escaso margen de libertad para los cónyuges, o, en su caso, para una persona deseosa de prever la transmisión de sus bienes por causa de muerte.

## Los espacios de decisión de las personas y del Estado

En setiembre de 1998, se celebró en la ciudad de Mendoza, República Argentina, el "X Congreso Internacional de Derecho de Familia". Allí se reunieron especialistas de países latinos y debatieron acerca del espacio individual, y del papel del Estado, en relación con el patrimonio familiar.

Tal como ocurre cada vez que hay más de un abogado, las líneas de pensamiento fueron dispares.

Básicamente, un sector mayoritario sostuvo que, también en cuestiones de familia, debía regir la "autonomía de la voluntad", que es el principio que opera en la mayor parte de las relaciones jurídicas entre personas.

Entre tanto, para otro sector minoritario, resulta indispensable privilegiar el "orden público" (es decir, la óptica del Estado) frente a la decisión de las personas.

Los que sustentaban la primera posición dijeron:

• El principio de la autonomía de la voluntad debe ser también admitido dentro del régimen patrimonial del matrimonio, y los cónyuges deben tener cierta libertad para pactar el régimen patrimonial que regirá su matrimonio.
• El ordenamiento jurídico debe admitir que los cónyuges elijan el régimen patrimonial que más les convenga. El legislador deberá determinar si esa opción es libre o si sólo se puede optar entre regímenes patrimoniales previamente establecidos.
• La posibilidad de elegir el régimen patrimonial del matrimonio respeta el principio de igualdad de los cónyuges y de libertad de los contrayentes, que se ve vulnerado cuando el Estado impone un régimen legal único y forzoso.
• Los diferentes modelos de familia no admiten una respuesta única en orden a la regulación de sus relaciones patrimoniales.

A su vez, quienes son contrarios a la existencia de distintos regímenes patrimoniales en el matrimonio dijeron:

• La posibilidad de pactar un régimen que no sea el de comunidad (éste es el que rige actuamente en la Argentina) atenta contra la solidaridad familiar.
• El régimen imperativo de comunidad evita la negociación entre futuros contrayentes, que resulta poco deseable porque incorpora el cálculo y el egoísmo a través de negocios pecuniarios.
• La protección de la familia requiere cimentar patrimonialmente la solidaridad familiar y ello sólo se logra mediante un régimen patrimonial de comunidad.
• La diversidad de regímenes no contribuye a la estabilidad de la familia.

## Lo que no está en discusión

El punto de contacto y acuerdo, entre mayoría y minoría, es que la familia es una institución que se debe proteger y que merece la atención del Estado, cuanto menos desde el punto de vista asistencial y, en especial, cuando hay hijos menores.

Lo que tampoco debería discutirse es que el modelo más adecuado de familia que el Estado impulse en los próximos años deberá contar con la participación y la aceptación de los ciudadanos, como requisito indispensable para que tenga legitimidad y permita el desarrollo armónico de las personas en el ámbito familiar.

# CAPÍTULO III

# Matrimonios en tiempo y espacio

## Más allá del aquí y ahora

En épocas de cambios culturales trascendentes como la que nos toca vivir, parecería que conocer la historia no importa demasiado, ya que el gran desafío es aprender a moverse en el aquí y ahora.

Igualmente, existe tal vorágine de información, que muchas veces nos contentamos con conocer exclusivamente nuestra realidad, porque nos parece que abrirnos a lo que ocurre en el resto del mundo es una forma de perder el tiempo.

Sin embargo, estudiar los procesos que se dieron en la historia, y lo que ocurre en otros países, nos permite entender con más claridad nuestro presente y proyectar el futuro con mayor libertad, conscientes de que las cosas no son de una vez y para siempre, sino que tienen un ciclo vital.

Y que no son de una sola manera, sino que se dan de maneras distintas en diferentes culturas.

Quien tiene conciencia de la posibilidad de cambio puede aumentar su creatividad día a día, al percibir que el producto de los propios actos y pensamientos puede ser una semilla para un mundo y una vida, en algún aspecto, mejor.

## El matrimonio en el tiempo

Las civilizaciones muy antiguas funcionaban en torno a un sistema de poligamia o poliviria, de manera tal que un hombre podía disponer de varias mujeres en carácter conyugal, y una mujer podía tener varios maridos.

El sistema organizativo construido alrededor de estas estructuras se dio en llamar "familia consanguínea" o "punalúa" y, según ciertos autores, no tiene ninguna relación con la familia nuclear, que es la que conocemos hoy, compuesta por un matrimonio y sus hijos.

El germen del matrimonio actual en Occidente sólo aparece en la historia con el advenimiento de la familia monogámica.

La clave para la constitución del sistema familiar moderno consiste en las uniones heterosexuales con algún grado de permanencia, en la medida en que cada hombre acepta que debe abstenerse de tomar a la mujer ajena, como requisito para que los demás respeten a su propia mujer. Cuando el orden social garantiza ese respeto mutuo, comienza a evolucionar el derecho del matrimonio.

En cuestiones matrimoniales, podemos afirmar que el Derecho Canónico tiene más importancia aun que el Derecho Romano, ya que la institución del matrimonio llegó a nuestros días a través de la Iglesia Católica.

El Cristianismo contribuyó en gran medida a dignificar esta figura, y en tal sentido, le cupo a la Iglesia una misión trascendente, pues perfeccionó el régimen monogámico. En distintas épocas de la historia, además, trató de evitar los matrimonios de conveniencia acordados por los padres a espaldas y contra la voluntad de los hijos.

Además, algo muy importante: la Iglesia sostuvo, siempre, la indisolubilidad del vínculo conyugal.

Desde el siglo XVI, el matrimonio pasó a ser un terreno de confluencia entre la legislación religiosa y la civil.

Inglaterra, por ejemplo, estableció el matrimonio civil durante el gobierno de Cromwell.

A partir de la Revolución Francesa, comenzó a entender-

36

se en Francia que el matrimonio era un contrato, un acuerdo de voluntades individuales. Por lo tanto, cabía postular el *distracto*, es decir, la ruptura contractual por simple voluntad de las partes. Tan fuerte resultó la presión de la época en favor de la libertad de contratación absoluta, que en 1792 se estableció el divorcio absoluto, aun por voluntad de uno solo de los cónyuges.

Pero luego, el llamado "Código Napoleón", que representa una reacción a los momentos más libertarios de la Revolución Francesa, limitó el divorcio a casos excepcionales.

En Italia, el régimen de matrimonio civil rige desde 1865; en España, la ley de matrimonio tiene vigencia desde 1889, con la característica de que reconoce dos formas matrimoniales: la civil y la canónica.

El siglo XX trae algunas singularidades. Por ejemplo, el matrimonio ideado por Hitler: sólo era válido el tiempo necesario para procrear (lo cual reflejaba su voluntad expansionista, ya que el objetivo era una explosión de la natalidad). El sistema preveía impedimentos matrimoniales con judíos o personas de otra raza.

Por su parte, el matrimonio soviético privilegió la unión de hecho como base de la familia, sin que debieran mediar formalidades o rito religioso alguno.

## El matrimonio actual en el mundo

En líneas generales, el matrimonio actual en Occidente tiene las siguientes características:

- monogámico;
- permanente;
- disoluble;
- civil (por oposición al matrimonio religioso);
- cuenta con la protección del Estado.

Los cambios en el régimen matrimonial de los países occidentales están dirigidos a dar más independencia a la mujer casada, que, por lo menos en la letra de la ley y de los tratados internacionales, se encuentra en igualdad de condiciones con el marido[1]. En particular, en los regímenes matrimoniales de Alemania, Bulgaria, Finlandia y Rumania, se proclama expresamente esta igualdad.

Aunque es un principio formalmente aceptado en el mundo, la igualdad entre ambos géneros todavía representa una asignatura pendiente en muchos países. Recordemos que si bien esta igualdad opera en favor de la mujer (durante siglos tratada como inferior en muchas culturas), sin duda también se traduce en el interés de la familia toda.

Los medios para lograr tal igualdad son, entre otros, el aumento de las facultades de la mujer (emancipación, independencia, autonomía, promoción) y la asociación de la mujer a la propiedad del hogar.

Asimismo, se tiende a que ambos esposos participen en los resultados económicos del matrimonio, de manera de asegurar que ambos estén involucrados en la defensa y gestión de sus intereses comunes.

En cada legislación, existe un régimen del patrimonio matrimonial básico y primario, con reglas obligatorias que se aplican para asegurar un mínimo de interdependencia a los cónyuges y para satisfacer las necesidades del hogar.

A partir de allí, distintos países establecen la posibilidad de concertar "convenciones matrimoniales", que permiten elegir entre distintos regímenes de participación en la propiedad de los bienes del matrimonio, o hasta establecer un régimen propio y autónomo.

---

[1] Actualmente rige en nuestro país el "Tratado sobre eliminación de toda forma de discriminación contra la mujer", de 1988, incorporado en nuestra Constitución Nacional a través de la Reforma de 1994.

## Los sistemas matrimoniales básicos

Actualmente, en el mundo, rigen cuatro sistemas matrimoniales básicos:

1. En algunos países, como la Argentina, Francia, Bélgica y Alemania, sólo se reconocen efectos civiles al MATRIMONIO LAICO.
2. En Brasil, Inglaterra o los Estados Unidos, se puede optar por el MATRIMONIO CIVIL y el RELIGIOSO, pero los efectos civiles del matrimonio están exclusivamente regidos por la LEY DEL ESTADO.
3. En Italia y Portugal, por ejemplo, las personas tienen derecho a optar por el MATRIMONIO CIVIL o el RELIGIOSO, pero, si se elige este último, la unión queda regida exclusivamente por el DERECHO CANÓNICO.
4. En España y Colombia, los católicos tienen la obligación de celebrar las nupcias ante la Iglesia.

## La ley y más allá la realidad

Los regímenes matrimoniales modernos tienen fuentes de inspiración muy diferentes. En general, sirven si reflejan el estado de evolución de la propia sociedad y las costumbres socialmente aceptadas; de nada sirve un régimen matrimonial concebido en un laboratorio, si las personas siguen atadas a otros usos y costumbres.

En algún sentido, eso fue lo que ocurrió en la Argentina mientras estaba prohibido el divorcio vincular: el impedimento para que las personas volvieran a casarse no evitaba que se separaran y formaran nuevas parejas: simplemente, debían conformarse con un sistema no legal, dado que la ley no reconocía la realidad de sus relaciones.

De la misma forma, actualmente en la Argentina rige un sistema de "sociedad conyugal" único, lo que significa que los cónyuges deben atenerse obligatoriamente a él.

El sistema argentino de sociedad conyugal se denomina,

técnicamente, de "comunidad diferida", porque cada cónyuge puede adquirir bienes e inscribirlos a su nombre; esos bienes recién van a conformar una masa común en el momento de la separación, o el divorcio o la muerte de uno de los esposos.

En ese momento, cuando se disuelve la sociedad conyugal, es cuando cumple todos sus efectos el régimen de "comunidad", pues la mitad de los bienes adquiridos durante el matrimonio corresponderá a cada uno de los cónyuges, con independencia de quién los haya adquirido y a nombre de cuál de ellos se los haya inscrito.

Ahora bien: no alcanza con que la ley disponga que el régimen es único y exclusivo, ya que, de acuerdo con sus necesidades, las personas establecen mecanismos diversos para eludir el cumplimiento de la ley:

- inscripción de bienes a nombre de terceros;
- constitución de sociedades anónimas, argentinas o extranjeras;
- ocultamiento de información relevante al otro cónyuge;
- adquisición de bienes importantes con anterioridad al matrimonio, para evitar por años la adquisición de bienes gananciales;
- establecimiento de relaciones de hecho (concubinato) para evitar las consecuencias patrimoniales del matrimonio.

Como se ve, no resulta suficiente que la ley proscriba cualquier alteración al orden dispuesto.

Siempre habrá mecanismos que permitan, a quien así lo decida, hacer jugar la letra de la ley en su exclusivo beneficio.

## ¿Qué es y para qué sirve el régimen de los bienes en el matrimonio?

Es más la gente que se casa, que la que sabe lo que eso significa.

El matrimonio es una institución que se inicia mediante un acto formal, en el que ambos contrayentes prestan su consentimiento, y que finaliza por causa de muerte de uno de los esposos, o por divorcio (en los países donde está contemplado) o por una declaración de nulidad matrimonial. El matrimonio supone siempre la existencia de una especie de "estatuto", que es el que regla las relaciones entre los cónyuges en distintos campos, entre los cuales podemos mencionar:

- cuáles son las obligaciones que deben cumplir los esposos recíprocamente,
- cuáles son las causales que hacen legítima una separación o un divorcio,
- cuáles son las consecuencias patrimoniales de casarse,
- cuáles son las consecuencias patrimoniales de dar por finalizado el vínculo matrimonial.

Podemos convenir que, en la civilización occidental actual, los fines del matrimonio son:

- constituir una familia legítima,
- procrear,
- cuidar de la prole.

¿Por qué constituir una familia legítima?

Porque no es lo mismo contar con la aprobación, la promoción y la protección del Estado para desarrollar actividades privadas, que carecer de semejante respaldo. La vida de la familia no puede desvincularse del Estado en que ella lleva a cabo sus actividades vitales, pues las familias no son islas, sino que entablan una compleja red de relaciones privadas e institucionales con otras familias e individuos, con empresas, escuelas, instituciones oficiales y autoridades varias.

A su vez, el proyecto de cada familia requiere de estructuras de sostén que le permitan llevar a cabo sus metas, con respaldo económico, impositivo, educativo, sanitario, laboral y asistencial.

Justamente esta diferencia de tratamiento por parte del Estado es lo que distingue, en muchos sentidos, a la familia legítima (basada en el matrimonio) de las uniones de hecho. Pensemos que la protección de la vivienda, el reconocimiento social de los hijos, las posibilidades prácticas de recibir un hijo en adopción y los derechos sociales tienen distintos alcances en el matrimonio y en las uniones extramatrimoniales.

# CAPÍTULO IV

# Las diferencias culturales y legales

Faride se había enamorado en su país, un Estado musulmán de Oriente Medio, de un diplomático holandés. Cuando a éste lo asignaron a una misión en Buenos Aires, ella decidió seguirlo.

A los pocos meses, instalados cada uno en su casa en la nueva ciudad, Faride quedó encinta de un varón. En su cultura, interrumpir el embarazo no es una opción válida, por lo cual el diplomático no tuvo otra posibilidad que respetar la decisión de Faride.

De hecho, se hizo cargo de solventar todos los gastos y se comprometió a efectuar un aporte sistemático de dinero para la crianza del niño... pero nada más.

Nació Omar, y el diplomático cumplió lo pactado, pero se negó a reconocer al niño como hijo de él. No deseaba ser padre, y no había sido consultado por Faride acerca de la procreación. Entendía que, por motivos de carrera, no era un momento oportuno para casarse y, mucho menos, para que sus superiores supieran de su hijo.

Para sumarle angustias a Faride, sola en una ciudad extraña, sin vínculos ni relaciones fuertes que la contuvieran, el padre de su hijo le anunció que en un año sería transferido a otro país.

¿Qué hacer? ¿Lo seguiría con su hijo a cuestas, como madre soltera y vagón de cola de un diplomático trashumante? ¿Valía la pena quedarse a vivir en la Argentina, donde apenas comenzaba a hablar el idioma y no conocía a nadie? Había otra cuestión, mucho más importante: Faride extrañaba muchísimo a su familia, pero no podía volver a su patria bajo ningún concepto con un hijo extramatrimonial, ya que su país no permitía el ingreso de mujeres solteras con hijos. Mientras no se casara, Faride se vería obligada a merodear como una nómada, lejos de sus vínculos.

Este caso tuvo un final feliz, ya que, luego de una intensa mediación, el diplomático holandés que no quería, de ninguna manera, continuar en pareja con Faride, aceptó casarse con ella con el solo efecto de posibilitar que la mujer volviera a su país, donde ahora se encuentra, y de donde es probable que no vuelva a salir durante el resto de su vida.

Sin duda, la posibilidad de entablar un vínculo entre personas de diferentes culturas debe dar lugar a acuerdos previos más exhaustivos aun que los que deben celebrar quienes comparten una misma formación y un sistema de valores, ya que nada puede darse por sobreentendido.

Tengamos presente que el orden actual se caracteriza por una enorme movilidad, frente a los asentamientos mucho más estables que caracterizaban los vínculos en épocas anteriores.

Los avances en los transportes y el abaratamiento de los traslados permiten a gran cantidad de la población la experiencia de conocer otras ciudades o países del mundo, lo cual, hace cincuenta años, era algo privativo de las clases muy acaudaladas.

El turismo, los viajes de negocios, los programas de intercambio universitario, las giras deportivas y hasta los peregrinajes religiosos dan a las personas oportunidad de conocer otros lugares... y seres humanos.

Las diferencias culturales pueden enriquecer una relación humana, pero también complicar el entendimiento mutuo y generar, de por sí, problemas arduos para las partes involucradas.

Cuando dos personas de distintos orígenes culturales, lingüísticos o religiosos entablan una relación afectiva, es importante que examinen el lugar que cada uno otorga al noviazgo y al matrimonio, a los hijos, a la intervención de las respectivas familias, y los papeles y funciones que cada cónyuge desempeñará dentro de la relación.

Cuando las culturas de origen responden a tradiciones muy diferentes, compatibilizar las expectativas puede tornarse harto difícil.

Por ejemplo, una mujer educada en una cultura muy liberal e independiente puede tener problemas si desea casarse con un hombre formado en una tradición que no reconoce autonomía ni derechos a la esposa.

Tiempo atrás, la prensa se hizo eco del caso de una joven argentina, hija de un diplomático de carrera, que se casó con un hombre jordano y tuvo tres pequeños, en Guatemala, donde la familia estableció su residencia. El padre, por una decisión unilateral, se llevó a los tres hijos a Jordania, y la madre debió iniciar una acción judicial en el terreno del Derecho Internacional. Lleva la desventaja de que las leyes jordanas no le conceden posibilidades promisorias de recuperar a sus hijos, en la medida en que favorecen claramente al padre, por motivos de nacionalidad y de religión.

Cuando, además, uno de los cónyuges debe trasladarse físicamente al país del otro, que pertenece a una tradición distinta, se agrega el problema de la "transculturación", una penosa adaptación al idioma, el ritmo y el complejo sistema de normas sociales que imperan en la nueva cultura.

Este factor suma, de por sí, muchas tensiones al natural desafío de construir una relación afectiva.

A veces, la presencia de hijos complica aún más el panorama, cuando existen grandes diferencias culturales.

## Cuando dos regímenes legales entran en conflicto

La sociedad argentina se conmovió por el llamado "caso Osswald", que fue la disputa de los padres de una niña respecto de la tenencia, con la singularidad de que ambos progenitores vivían en países distintos. En este caso, lo que entraba en conflicto no era ya una diferencia cultural (en el caso de referencia, se trataba de Canadá y de la Argentina), sino la colisión de dos regímenes legales diferentes.

Tiempo después, aparecieron otros casos de conflictos internacionales, y en todos hay una misma línea de debate:

• ¿Cuál es la ley aplicable en cada caso?
• La solución prevista por dicha ley o la manera en que el tribunal la aplica, ¿se corresponde con nuestra propia legislación?
• ¿Son soluciones compatibles con la escala de valores de nuestra sociedad?

Hoy está muy en boga el concepto de la "globalización". El orden hacia el que avanza el mundo parecería indicar que es posible uniformar conductas y actitudes a lo largo y a lo ancho del planeta, en virtud del mejoramiento en las comunicaciones, la masividad de los medios periodísticos y las nuevas tecnologías de acercamiento, que virtualmente borran fronteras. Sin embargo, no es posible pensar, por el momento, que vayan a uniformarse las costumbres, entre ellas, las relaciones de familia en los diferentes pueblos, aun cuando nuevos acuerdos internacionales impongan algunos cambios en las familias de los diversos países.

Sin duda, los conflictos relacionados con la tenencia de los hijos tienen una notable trascendencia como noticia, ya que a todos impactan. Pero cualquier problema relacionado con la familia y el derecho internacional es importante, ya que afecta en forma directa y cotidiana la vida de quienes lo padecen.

En principio, quienes estén por contraer matrimonio y trasladarse a otro país para vivir deberán atenerse a un sistema patrimonial distinto, regido por las leyes del país de destino.

Informarse y conocer las disposiciones legales que regirán su vida cotidiana es algo esencial para estar al tanto de los propios derechos y obligaciones y, también, para interpretar correctamente la conducta del medio circundante.

## Termina el matrimonio; se liquida el patrimonio

Tanto en los sistemas de comunidad, en que los cónyuges comparten la propiedad de los bienes que adquieren, como en los de comunidad diferida, en los que, al disolverse el matrimonio, se consideran de carácter ganancial todos los bienes adquiridos durante su vigencia, los bienes propios van a cada uno de los titulares, y los restantes, a la masa común.

Muchas veces, se produce entonces una verdadera injusticia: cuando alguno de los esposos ha contribuido más que el otro al enriquecimiento de la comunidad, o cuando, al contrario, ha sido más negligente en el cumplimiento de los deberes y cargas matrimoniales, o cuando no puede probar fehacientemente el aporte realizado en un bien del otro, el reparto igualitario no refleja lo que realmente correspondería desde un punto de vista de justicia y equidad.

Por tal motivo, se ha desarrollado un sistema para compensar los daños y perjuicios, tendiente a que las graves violaciones de los deberes matrimoniales merezcan una sanción en contra de quien las comete y en beneficio directo del cónyuge que ha sufrido el daño.

La situación económica y social de un esposo puede justificar que, en la partición, éste se vea favorecido con la adjudicación de algunos bienes (por ejemplo, que se le atribuya el hogar conyugal en caso de divorcio).

Asimismo, existen excepciones al aporte igualitario. Siempre que se produzcan estas excepciones, hay algo que resulta indispensable: el que menos recibe debe tener clara conciencia de cuál es la causa, para evitar un mayor resentimiento frente a lo que puede estimar como un indebido favorecimiento del otro.

¿Cuándo se hace a un lado el principio de la división igualitaria, en algunos regímenes matrimoniales?

• Cuando un cónyuge no ha hecho aportes razonables al establecimiento de la comunidad matrimonial.
• Cuando, por edad o invalidez, uno queda disminuido ante la vida.
• En caso de divorcio, en favor del esposo a quien se confía la custodia y la educación de los hijos menores.
• Cuando se demuestra la mayor participación de un esposo en la adquisición de los bienes comunes. (Esto es válido en Bulgaria, Checoslovaquia y Rusia.)
• Por otras razones libradas al arbitrio del juez. (En la China y Polonia.)
• La partición igualitaria puede descartarse cuando es contraria a la equidad. (Según el Derecho danés.)
• Muchos países regulan de modo diferente los efectos patrimoniales, según que la disolución del matrimonio se efectúe por divorcio o por fallecimiento. ¿Por qué? Porque la situación del cónyuge sobreviviente, en este último caso, queda asegurada y completada a través de sus derechos hereditarios.
• Si bien en la legislación argentina no se contempla ninguna causa que exima a los cónyuges de la división igualitaria de los bienes matrimoniales, en los últimos años ha aparecido, a través de ciertos fallos judiciales, la posibilidad de compensar con una indemnización al cónyuge inocente en un divorcio. Si bien está reservada a casos especiales, la indemnización constituye una manera de compensar un daño patrimonial o moral, para el cual el cónyuge inocente no ha dado causa.

Actualmente, existe una tendencia mundial a dar prioridad a lo que resulte mejor para la familia, y ello impone el
gran desafío de actualizar leyes y criterios para resolver los
conflictos familiares.

Los problemas diversos se afrontan por medios diversos, pero con un mismo espíritu: evitar la falta de equidad y
tener en cuenta las responsabilidades familiares.

# CAPÍTULO V

# Acuerdos de pareja y leyes de matrimonio

## Un paraguas y un libro bajo la lluvia

*Dos personas viajan a la intemperie, en la parte trasera de una camioneta. Aunque el tiempo es bueno, llevan consigo un paraguas. Y junto al paraguas hay un libro, que ninguno de los dos se toma el trabajo de leer.*

*De pronto, llegan a una zona de lluvias. Entonces, uno de los dos toma el paraguas. El otro cree tener más derecho a usarlo, porque lo vio primero, porque está enfermo o porque es más rico que el otro. Y se traban en una amarga disputa.*

*El conductor les dice que lean el libro, porque allí encontrarán la solución. A ambos les parece absurdo ponerse a leer el libro en medio de una lluvia torrencial, pero como no pueden zanjar las diferencias, recorren las páginas, hasta que encuentran disposiciones referidas a una situación como la suya.*

*Sin embargo, a uno de los dos la solución del libro no le parece ideal, y decide no hacer caso. Se muestra dispuesto a hacer valer sus necesidades mediante otros métodos, aun cuando tales métodos no estén contemplados en el libro.*

Según mi experiencia, esto es lo que ocurre habitualmente ante un conflicto de pareja: las personas suelen desconocer cómo es el régimen legal en el que están incluidas y, por lo tanto, tienen más dificultades para aceptar las reglas.

Y esas dificultades se acrecientan, una vez que cada cual trata de fortalecerse en una posición opuesta a la del otro, justamente, en el momento en que flaquea el amor que alguna vez los unió.

## El riesgo de no saber

Cuando dos personas se casan, suelen tener en cuenta los proyectos propios y, en muchos casos, también los de sus respectivas familias de origen. Claro está, ponen en juego sus mejores esperanzas de triunfar en la empresa que comienzan.

Ahora bien, cabe señalar que el régimen de bienes que va a regir su matrimonio desde el momento en que éste se celebre *no es optativo, sino obligatorio.*

Sin embargo, no existe ningún funcionario ni campaña pública que se ocupe de explicar a los contrayentes cuál es el régimen legal al que desde ese momento en adelante van a estar sujetos.

Esta omisión del Estado en informar debidamente a los ciudadanos trae consecuencias nefastas.

Porque, entonces, cuando los cónyuges tengan la necesidad de enterarse a fondo de las características de este régimen, va a ser en razón de una situación concreta de la vida: sea porque uno de ambos falleció, o porque enfrentan la posibilidad de un divorcio o porque algún acreedor intenta cobrar una deuda.

Cuando a la falta de información previa se le agrega una situación grave que reclama conocimientos precisos, se suele generar un cuadro alarmante y caótico: bastante trabajo produce, muchas veces, entender las conductas de un ser querido, como para tener que aprender y asimilar, en ese mismo momento, la letra y el espíritu de la ley.

Es un principio básico de nuestro sistema legal que "la ley

se presume conocida por todos". En esta época, en la que los medios de comunicación permitirían que, efectivamente, todas las personas conocieran los principios legales básicos en cada materia, es una responsabilidad social poder difundir qué dicen las leyes, y cómo se interpretan en la práctica.

## Conocer la ley

Decía Vélez Sarsfield, a mediados del siglo XIX, que los bienes compartidos de los esposos no eran un fin del matrimonio, sino una consecuencia de la circunstancia de estar casados.

El panorama legal del matrimonio en nuestro país sigue un recorrido semejante al de otras instituciones civiles.

Tiene como antecedente el matrimonio canónico, es decir, el instituido de acuerdo con las leyes de la Iglesia.

Y si bien, en principio, hubo cláusulas que limitaban el matrimonio entre distintas razas, las ideas liberales de Juan Bautista Alberdi, recogidas en la *Constitución Nacional,* protegieron justamente la unión de personas de razas distintas, como medio para que la Argentina se nutriera con lo mejor de la inmigración.

La primera ley de matrimonio civil en la Argentina se sancionó en la provincia de Santa Fe, en 1867.

Y cabe señalar que el *Código Civil* está impregnado con la idea de que las nupcias constituyen una "institución social", más que un simple contrato entre particulares, como postulaban los ideales de la Revolución Francesa.

Desde que, en 1864, se sancionó dicho código, hasta la actualidad, el sistema matrimonial se vio modificado por una evolución muy trascendental, que, en forma genérica, avanza hacia el reconocimiento de la igualdad absoluta en los derechos del hombre y la mujer, y hacia la facultad de disolver el vínculo sin más causa que la voluntad de cualquiera de los cónyuges.

De todos los cambios producidos en los últimos años, hay dos especialmente determinantes para la familia: la igualdad entre los hijos nacidos dentro y fuera del matrimonio, instituido por la ley 23.264, de 1985, y el régimen de divorcio vincular, consagrado por la ley 23.515, de 1987.

También hay que considerar, en este proceso de evolución:

- la ley contra la violencia familiar,
- la convención de los derechos del niño,
- la ley de régimen de visitas.

Todas ellas constituyen una verdadera revolución, producida durante las últimas décadas.

Los cambios en la legislación, en verdad, no hacen sino reflejar transiciones sociales e intentan responder a necesidades nuevas. Pero, al mismo tiempo, generan nuevos requerimientos.

Todo cambio legislativo cuenta, casi siempre, con el apoyo de una parte de la población y con las críticas de otra, porque en asuntos de familia los intereses de unos son contrarios a los de otros. A modo de ejemplo, en varios sentidos basta con que las mujeres se manifiesten en favor de una medida para que los hombres encuentren objeciones; o que una determinada medida sea favorable para las mujeres de clase media alta, para que, al mismo tiempo, perjudique a las mujeres de condición humilde.

En materia de familia, la imposibilidad de aunar voluntades hasta llegar a la aceptación unánime de los proyectos legislativos explica, en gran medida, por qué no hay muchas propuestas en torno al orden familiar en las plataformas de los partidos políticos: es más fácil lograr una aceptación generalizada, por ejemplo, de una propuesta de aumentar las exportaciones, que de una que dispusiera equiparar el concubinato al matrimonio.

## Una situación peligrosa

*Daniela está por viajar al exterior, durante un mes aproximadamente, para hacer una visita a su madre.*

*No se está llevando bien con Miguel, su marido, pero tampoco tiene motivos para desconfiar de él.*

*Durante el último tiempo han decidido cambiar el auto, y, dos días antes del viaje, Miguel le propone a Daniela que firme un poder a su favor. "Entonces —dice— cuando encuentre el auto que busco, puedo firmar en mi nombre y el tuyo la documentación para entregar el auto actual en parte de pago."*

*La explicación de Miguel resulta razonable, pero cuando Daniela va a firmar, advierte que el poder es "general, de administración y disposición" y sirve, también, para dar el consentimiento conyugal para la venta de todos los bienes, y en especial el auto.*

*Se le explica a Daniela que, igualmente, ese consentimiento general no es válido, ya que la reglamentación exige que se especifique a qué bienes se refiere.*

*Además, agregan, si Miguel utilizara el poder y vendiera otros bienes, luego podría reclamarle lo que correspondiera. Pero, comenta el escribano, con los años que hace que lo conoce a Miguel, sabe perfectamente que jamás haría semejante cosa.*

Entre la confianza y la cautela (¿o entre la espada y la pared?).

Daniela sólo quiere autorizar la venta de un auto. Confía en Miguel, y también en el escribano, pero lo que le dan a firmar no es lo que ella realmente quiere autorizar.

¿Se ofenderá el escribano, si ella no firma?

¿Tendrá que recibir algún reproche de Miguel? ¿Éste la incriminará de no tenerle confianza?

¿No sería más simple firmar y confiar en que todo saldrá bien?

Con más o menos detalles, todos vivimos, alguna vez, un trance tan difícil como el que le proponen a Daniela.

Porque tenemos confianza, pero el texto de lo que deberíamos firmar no refleja exactamente nuestra voluntad. ¿Qué hacer para, elegantemente, salir del aprieto?

Es conveniente decidir, con toda firmeza, que no habremos de firmar nada que no sea lo que corresponde, aunque alguien se sienta ofendido por ello.

Luego, y con toda parsimonia, sobre la base de que aquello que nos someten a consideración es sólo fruto de un error involuntario, debemos puntualizar lo siguiente:

1) Nosotros queremos colaborar.

2) Tenemos una infinita y grata confianza.

3) Lo que nos ponen ante los ojos para firmar no es lo que esperábamos.

4) Seguramente, alguien cometió un error.

5) Si ese error no se subsana y si, en consecuencia, no se enmienda lo que nos proponen para firmar, es porque hay una diferencia de criterios que justifica la postergación de la firma hasta que la situación se aclare.

6) En cuestiones legales, una cosa no es igual a otra. Si estamos de acuerdo en firmar "A", no necesariamente debemos firmar "B".

7) Somos víctimas inocentes de una situación desagradable.

8) Finalmente, si la otra parte persiste en su actitud, nos retiramos ofendidos porque no hemos sido respetados en nuestra buena fe, y no se nos ha retribuido nuestra confianza con conductas que permitieran ratificarla en la práctica.

Frente a un contrato u otro texto legal que difiera de lo que nosotros estamos dispuestos a firmar, es conveniente postergar el acto hasta que las cuestiones se aclaren, en lugar de postergar el conflicto firmando aquello de lo que, después, nos podríamos arrepentir.

# CAPÍTULO VI

# Los bienes en el matrimonio

En forma habitual y ordinaria, se habla de "sociedad conyugal" para nombrar el régimen de bienes que rige durante el matrimonio.

Sin embargo, en el sistema argentino no se trata, exactamente, de una "sociedad", sino de una "comunidad diferida".

Dicho de otro modo, durante el matrimonio existe una administración separada de los bienes, y sólo corresponde actuar como si se tratara de una verdadera sociedad, justamente cuando el matrimonio llega a su fin, por muerte de alguno de los esposos o por divorcio.

En esas circunstancias, los bienes que administraba cada cónyuge, estuvieran a nombre de uno o del otro, o a nombre de ambos, pasan a conformar una "masa" en común: ésa es la masa de bienes gananciales, que, una vez que se consideran en su conjunto, deben repartirse por partes iguales.

## Bienes propios y bienes comunes

Los bienes que cada uno de los cónyuges tenía antes de casarse y los que recibe por herencia, donación o legado[1] se consideran *propios*; también lo son aquellos adquiridos con el dinero obtenido por la venta de bienes propios. En cambio, los frutos de los bienes (como pueden ser, por ejemplo, los intereses del dinero o las rentas por alquileres de inmuebles, o los derechos de autor que se devengan durante el matrimonio) son gananciales, lo cual significa que los que no se consumieron durante el matrimonio sino que se acumularon, deben dividirse por mitades cuando el matrimonio finaliza.

Y nada más.

Así de simple resulta explicar lo que, en algunos casos, provoca años de disputas en Tribunales, litros de tinta y, por qué no, también sangre, sudor y lágrimas.

## Nosotros y las pruebas

Es que tan sencilla descripción oculta, en realidad, situaciones de inmensa complejidad, que se agudizan por las pasiones que entran en juego en el momento de disolver y liquidar una sociedad conyugal.

Uno de los conflictos que se plantea con mayor asiduidad es el referido a la prueba respecto del origen de los bienes, ya que de ella va a depender que se los considere propios o gananciales.

¿Cómo se resuelve en la Argentina la cuestión de la prueba acerca de la titularidad de los bienes?

Básicamente, se consideran gananciales todos los bienes

---

[1] Legado es un bien o conjunto de bienes de los que una persona dispone a través de su testamento en favor de otra, sin que por ello esta última se convierta en heredera.

adquiridos durante el tiempo que dura el matrimonio (desde la fecha del certificado de matrimonio civil hasta la muerte de uno de los cónyuges, o hasta la fecha de su muerte presunta declarada judicialmente, o hasta la fecha de interposición de la demanda de divorcio), *con excepción* de los que se compran con el producto de la venta de bienes propios o los recibidos por legado, herencia o donación, que se siguen considerando propios, aunque se adquieran mientras dura el matrimonio.

Para que no rija la presunción legal de que determinados bienes son gananciales, es conveniente que, cuando se adquiere un bien con dinero propio, también el cónyuge firme la escritura, aceptando esa calidad. De no firmarse ese reconocimiento, la cuestión podría ser fuente de un grave conflicto.

Si bien la muerte de alguno de los cónyuges disuelve la sociedad conyugal, y a partir de ese momento todos los bienes que adquiera el que sobrevive se consideran propios, hay que aclarar que los ingresos debidos a alguna causa o título anterior a la muerte son de la sociedad conyugal.

Los mismos criterios deben aplicarse respecto de lo que cualquiera de los cónyuges adquiere después de iniciado un divorcio, siempre y cuando la sentencia haga lugar a la demanda. Es decir que, una vez que se dicta una sentencia de divorcio, se considera que la sociedad conyugal está disuelta desde el día en que comenzó el juicio. Obviamente, si por algún motivo se rechaza el pedido de divorcio, todos los bienes adquiridos con posterioridad a la iniciación del juicio siguen siendo gananciales.

## El origen de los bienes

En muchos casos, el conflicto no radica en cómo se distribuirían los bienes, siempre y cuando las partes involucradas aceptaran quién es el verdadero titular de éstos.

Simplemente, no se ponen de acuerdo respecto de quién adquirió esos bienes, y de dónde provenían los fondos. Veamos un ejemplo:

*Laura y Oscar se están separando después de cuatro años de matrimonio. Cada uno de ellos tiene un auto, y viven en una casa adquirida después del matrimonio e inscrita a nombre de Oscar. El acuerdo de bienes a raíz del divorcio parecería simple, si no fuera porque la abogada de Oscar plantea que, aunque el inmueble fue adquirido después del matrimonio, ella está en condiciones de probar que la compra tuvo lugar con dinero que Oscar obtuvo de la venta de un departamento que tenía cuando era soltero...*

¿Es posible que prospere semejante planteo?

¿O sólo corresponde ceñirse a lo que dice el título de propiedad, y allí acaba cualquier discusión?

En principio, el texto del título de propiedad hace plena fe entre las partes, salvo que se demuestre una "simulación" o alguna forma de "fraude".

Si antes del matrimonio no se celebró un inventario (en el que cada cual hubiera reconocido cuáles eran los bienes propios del otro en el momento de iniciar el matrimonio), y si no se produjo tal reconocimiento en la escritura de compra, será casi imposible que, en el momento de la separación, alguno de los cónyuges pruebe que el bien se sustrae de la "masa de gananciales", para que se lo considere un bien propio.

## Los contratos entre cónyuges

En el régimen matrimonial argentino se prohíbe en forma absoluta la celebración de ciertos contratos entre cónyuges, lo cual es una nueva manifestación de la intervención del Estado en la vida familiar.

¿Es bueno para una pareja casada no poder contratar entre sí?

Quien quiera contestar esta pregunta deberá pensar en

la situación de la mujer casada, para analizar si ésta correría algún riesgo en caso de que fuese posible celebrar contratos entre cónyuges.

Son tan importantes los cambios producidos en los últimos años en la situación de la mujer casada, que no es posible entender la realidad de la familia actual sin detenerse unos momentos a analizar este fenómeno.

Digamos que, de un tiempo a esta parte, la mujer casada afirmó su independencia. Actualmente, suele trabajar fuera de su casa y relacionarse con un vasto abanico de allegados y terceros.

A su vez, el vínculo conyugal ha perdido permanencia, ya que los matrimonios se hacen y deshacen con mucha mayor naturalidad que hace treinta años.

No existe el temor reverencial que antes existía, y se va afirmando una tendencia imposible de soslayar: los hijos suelen ser, en su gran mayoría, hijos deseados, porque los distintos mecanismos de control de natalidad impiden en la mayor parte de la sociedad el nacimiento de niños que son sólo producto de un acto de pasión o de ignorancia con respecto a la planificación familiar.

Todo esto, sumado al cambio en los modelos de conducta, trae como consecuencia una mayor participación del padre en la crianza de los hijos, en la misma medida en que se van afirmando los principios de igualdad entre los cónyuges.

Junto a este panorama coexisten principios arcaicos, en cuanto a lo que pueden y no pueden hacer las personas casadas con su patrimonio.

Parecería que el derecho que es necesario tutelar es el de los acreedores, para evitar los fraudes y simulaciones del deudor, y no, en cambio, el de la esposa o el esposo, en lo referido a sus contratos con el otro cónyuge.

## Los contratos prohibidos

¿Cuáles son, en la Argentina, los contratos prohibidos entre cónyuges?

Básicamente, los cónyuges no pueden comprarse o venderse bienes; tampoco se pueden hacer donaciones (obviamente, esto no impide que un marido le regale a la esposa un anillo de brillantes).

Están prohibidas, además, tanto la permuta como la cesión de ciertos derechos al cónyuge (como los derechos de autor o los derechos en un litigio).

A su vez, un cónyuge no puede darle al otro determinados bienes, aunque fueran anteriores al matrimonio, en pago por una deuda entre ellos.

Todavía se está debatiendo si un esposo puede garantizar, con sus bienes propios, el contrato de locación que está firmando el otro cónyuge para instalar un negocio.

También se debate si entre cónyuges puede haber, o no, contratos de trabajo o de locación de servicios, préstamos de dinero, préstamo de un inmueble para usarlo, o si un cónyuge puede hipotecar una casa en favor del otro.

## El porqué de las prohibiciones

Los que defienden el sistema de prohibiciones que rige actualmente en la Argentina argumentan lo siguiente:

• En primer lugar, dicen, esa prohibición sirve para defender a alguno de los cónyuges, cuando media alguna debilidad mental, espiritual o económica que pueda dar lugar al aprovechamiento por parte del otro. Esto es, también, en defensa de sus bienes propios y de los gananciales que administra.

• La prohibición sirve, también, para defender el régimen de los bienes del matrimonio; para quienes creen que hay que defender el sistema actual contra viento y marea, los contratos entre cónyuges suenan a un peligro en puerta, ya que un contrato podría desnaturalizar, en la práctica, el régimen patrimonial.

• En su rechazo hacia los contratos entre cónyuges, argumentan que éstos tienen como finalidad directa producir el traspaso de bienes de un patrimonio a otro, con contraprestación o sin ella.

• Dicen que los contratos podrían conducir, de manera fácil y sencilla, a un verdadero fraude a la ley.

• Sostienen, además, que buscan defender el matrimonio en sí mismo, como comunidad de vida y amor, en la medida en que puede verse amenazado por ciertos contratos que colocan a uno de los cónyuges en actitud de subordinación o dependencia inconciliable frente al otro.

• Y, por último, concluyen que, al prohibir la contratación, se protege a los acreedores y a los herederos de cada uno de los cónyuges.

## Los contratos permitidos: entre la confianza y el poder

Los contratos destinados a la conservación y administración de bienes, así como los de colaboración, pueden coexistir con un vínculo matrimonial fuerte.

Pero, resulta ser, también está permitido que un cónyuge otorgue un mandato al otro, en forma general o con fines determinados.

¿No es paradójico? Justamente, no está prohibido un contrato que puede poner la totalidad de los bienes de uno de los cónyuges al arbitrio del otro, ¡y que se perfecciona apenas con la firma del que otorga el poder!

Según el prestigioso jurista santafesino Jorge Mosset Iturraspe, "debemos apetecer que los contratos entre cónyuges sean contratos verdaderos o de efectos plenos, sin perjuicio, claro está, de la facultad moderadora de los jueces en beneficio de la equidad y la justicia".

En otras palabras, la contratación entre cónyuges debería ayudar a que se fortalecieran tanto el vínculo matrimonial como la comunidad de vida y de intereses.

Si repasamos cuáles son los contratos prohibidos y cuáles los permitidos, podemos concluir que esos objetivos no se cumplen en la Argentina.

¿Por qué?

Prohibir ciertos actos no impide que se realicen con otras formas, si no se divulgan ampliamente los riesgos que se quiere evitar y los intereses que se pretende proteger.

# CAPÍTULO VII

# Vientos de cambio en la pareja

Muchos dicen que el matrimonio y la familia están en crisis. ¿Será realmente así, o especialmente están en crisis ciertas concepciones de la familia y el matrimonio, que han quedado distanciadas de la realidad social? El régimen de bienes único para todos los matrimonios (que rige en la Argentina aún hoy) ha sido de enorme utilidad durante un siglo y medio, en particular para defender los derechos de quien fue, y todavía sigue siendo en algunos estratos de la sociedad, la parte más débil de la relación matrimonial. O sea, la mujer.

En concreto, con los grandes avances de la mujer en la sociedad y el derrumbe de la economía de muchos hombres, de a poco se está perfilando una nueva realidad.

Y se produce la siguiente paradoja: muchas mujeres han llegado a puestos de conducción y de importantísimo reconocimiento social (en algunos casos, superior al de sus propios compañeros); muchas mujeres tienen expectativas ciertas de lograr éxitos profesionales y económicos en el futuro cercano; muchas mujeres vienen administrando grandes fortunas, sea porque las heredaron, o es lo que les quedó luego de un divorcio o es lo que a ellas corresponde de acuerdo con su actuación social y empresarial.

Por lo tanto, así como el régimen patrimonial único era, históricamente, favorable a la mujer, actualmente puede resultar un escollo para que ella formalice una relación matrimonial sin poner en riesgo su propia fortuna o su mayor potencialidad económica.

## La pareja actual

Quien observe cómo se estructuran actualmente las parejas podrá sacar algunas conclusiones interesantes:

• Muchas parejas adoptan un régimen de convivencia informal, es decir, de consentimiento mutuo, alejado del régimen legal del matrimonio. Para ello, precisamente, deciden convivir y no casarse.

• También existen los segundos y posteriores matrimonios, que están permitidos porque se encuentra vigente el sistema de divorcio vincular.

• Se constituyen parejas del mismo sexo. Se discute a qué derechos pueden acceder.

• Todos los hijos son iguales ante la ley, y no existe ninguna diferencia legal entre los matrimoniales y los extramatrimoniales.

• Son frecuentes los matrimonios entre personas con una gran diferencia de edad.

• La expectativa media de vida de una persona se viene acrecentando, gracias a los avances médicos y tecnológicos.

Es previsible que, dentro de algunos años, tanto hombres como mujeres consideren inviable el actual régimen patrimonial único, porque ya no se tratará de una batalla entre "sexo fuerte" y "sexo débil", sino de la necesidad de las parejas de generar una estructura que las ayude a vivir mejor y evitar conflictos.

## Las convenciones prenupciales

Los cambios en la realidad de las parejas parecen indicar que, tarde o temprano, se habrán de estructurar regímenes de bienes diferentes, entre los cuales podrán optar los contrayentes. Los más audaces sostienen que incluso el régimen de bienes podrá alterarse a lo largo del matrimonio, y que las parejas no deberían limitarse a sistemas prefabricados, sino hallar la fórmula que se ajuste exactamente a su realidad. Sin duda, en la medida en que se pueda optar por un régimen de bienes o, más en general, por un "estatuto matrimonial" que no sea único, resultarán de extrema utilidad las convenciones prenupciales, que son los acuerdos celebrados entre los futuros cónyuges, con el fin de determinar el régimen de bienes al que quedarán sometidos, o, simplemente, determinar o reglar algunos aspectos de sus relaciones patrimoniales.

Los sistemas legales van desde la mayor libertad hasta la restricción total, pasando por instancias intermedias en las cuales, muy a menudo, el contenido permitido por las convenciones se halla predeterminado en forma estricta por la ley.

## Las convenciones prenupciales en la Argentina

En la primera versión del *Código Civil* argentino, estaba permitido:

1) Designar los bienes que cada uno llevaba al matrimonio (o sea, practicar un inventario de los bienes).

2) Reservarle a la mujer el derecho de administrar algún bien raíz de los que llevaba al matrimonio o que adquiriera después, por título propio.

3) Que el esposo hiciera donaciones a la esposa.

4) Que los esposos se hicieran donaciones de los bienes que fuesen a dejar por fallecimiento.

El punto 2 hoy ya no se encuentra vigente, y es lógico que así sea, ya que, tiempo atrás, si los cónyuges no celebraban la reserva prenupcial, el marido era el administrador forzoso de los bienes de la mujer. En cambio, después de que entró en vigencia la ley 11.357, que iguala los derechos de la mujer a los del hombre para administrar bienes adquiridos, el artículo perdió todo interés práctico.

Por su parte, el inciso 4, que permitía hacerse donaciones anticipadas por causa de muerte, era una excepción a la prohibición genérica de formular pactos sobre herencias futuras. Es destacable que, en la historia nacional, no existan antecedentes de estas donaciones con vistas al futuro, por causa de muerte.

Las convenciones prenupciales celebradas en el extranjero, cuando son válidas para el país donde tuvieron lugar, sólo rigen para los bienes muebles, ya que en el caso de los inmuebles rigen exclusivamente las leyes argentinas.

Según la ideología de Vélez Sarsfield, era conveniente ceñirse exclusivamente al texto de la ley y evitar, en lo posible, las convenciones entre las partes: "Permitimos sólo aquellas convenciones matrimoniales que juzgamos enteramente necesarias para los esposos y para el derecho de terceros", sostiene en una nota del *Código Civil*.

Es que todo el Derecho de Familia argentino está edificado sobre la premisa de que debe otorgarse escasa autonomía a cada cónyuge para la toma de decisiones, lo cual fue positivo en los años de mucha inmigración. ¿Por qué razón? Pues, de esa forma, la época resultó favorecida por todo un sistema legal tendiente a fomentar la cruza de razas (en especial, la mezcla de criollos con europeos, de acuerdo con el ideario de Juan Bautista Alberdi).

Para lograr ese resultado de crecimiento demográfico, había que dotar a la familia de principios tan rígidos, que impulsaran el matrimonio y su perdurabilidad a lo largo del tiempo, con el consiguiente traspaso de los bienes de un linaje a otro: fallecido un cónyuge, la propia ley se inclina a que los bienes pasen al cónyuge sobreviviente, y de éste a su propia familia, sin posibilidad de reversión hacia los hermanos o sobrinos del cónyuge fallecido con anterioridad.

## Los beneficios de pactar

Muchas personas creen que lo que hay que concertar entre futuros esposos es: quién va a ir al Registro Civil a pedir fecha (generalmente, la mujer), cuáles serán los invitados a la fiesta y qué menú se habrá de ofrecer.

No tienen en cuenta que el matrimonio es uno de los negocios jurídicos más importantes de la vida. A partir de él, todo el sistema de ingresos y pérdidas de cada uno de los cónyuges va a desarrollarse por carriles diferentes de los que hasta entonces habían transitado.

Sin duda, hay mucho más para pactar entre los futuros esposos, aunque muchos crean que, de esa forma, la relación va a perder "encanto".

Es así como en muchas parejas coexiste un buen conocimiento del cuerpo y de las costumbres del otro con una ignorancia muy fuerte respecto de sus bienes, sus fuentes de ingresos, sus expectativas económicas, su capacidad para ganar o para perder dinero en el futuro...

En otros países, la posibilidad de elaborar convenciones prematrimoniales (algunas de ellas, muy sofisticadas) trae consigo la oportunidad de enfrentar abiertamente un tema en el que los cónyuges se ven directamente involucrados.

Creemos que, más allá de las convenciones que permite la ley, es imprescindible que los futuros esposos dejen claras las cuestiones patrimoniales y las expectativas de cada uno en relación con el futuro, como mejor opción para evitar conflictos y ganar en colaboración y confianza mutua.

## El inventario

La falta de un sistema general de convenciones prematrimoniales y matrimoniales ha desalentado a la gente a emplear una disposición legal que es perfectamente válida, pero que no se usa con la debida frecuencia: el INVENTARIO, que consiste en "la designación de los bienes que cada uno lleva al matrimonio".

El inventario debe realizarse por escritura pública, antes del matrimonio, y debe contener la firma de los futuros contrayentes.

A partir de entonces, quedará claro qué bienes son propios de cada uno de los esposos, antes del matrimonio, y esto permitirá evitar penosas discusiones a la hora de una separación o de un divorcio.

Resulta muy habitual que las parejas en situación de separación discutan por la titularidad de libros, disquetes, CD... Un inventario, aun realizado con menor formalidad que la exigida por la ley, puede ayudar, en muchos casos, a evitar peleas innecesarias.

En cuestiones de mayor valor, como el inmueble donde ha de vivir la pareja, el inventario resulta de especial utilidad, ya que permite a los contrayentes dejar claro, por ejemplo, cuál ha sido el alcance de los pagos efectuados por alguno de ellos antes del matrimonio, lo cual facilitará los cálculos en caso de divorcio posterior.

## El inventario en segundas o ulteriores nupcias

Cuando dos personas llegan al matrimonio después de una experiencia anterior (culminada en divorcio o en viudez), el panorama es más complicado.

Cada uno trae metas y objetivos anteriores, compromisos económicos y afectivos previos (especialmente, si hay hijos de una relación anterior).

Estos casos resultan cada vez más habituales, en la medida en que se ha extendido la vida útil de las personas y en que existe el divorcio vincular.

Seguramente, el inventario de quienes se casan por segunda vez o en ulteriores nupcias deberá contemplar muchas más especificaciones que el de dos jóvenes que debutan en el matrimonio, ya que se deberá aclarar la situación de bienes inmuebles, muebles, sociedades, derechos de autor, condominios, y tantas otras variables que se van desarrollando a lo largo de la vida.

No perdamos de vista que el inventario permite a cada uno de los contrayentes determinar con exactitud qué es lo que cada uno aporta al matrimonio, para evitar situaciones de injusticia. Como las que se producen, por ejemplo, cuando no se puede probar, en el momento del conflicto o tras la muerte de uno de los cónyuges, qué bienes precedían al matrimonio.

# CAPÍTULO VIII

# Antes de convivir, antes de casarse

## Un diálogo clave

¿Cuándo hay que empezar a conversar con la pareja sobre cuestiones patrimoniales?

Cuando existe alguna férrea intención de convivencia.

Y esta intención de convivencia se manifiesta de diferentes maneras:

Por ejemplo, a través de adquirir bienes en común para un casamiento posterior.

O bien a través de decidir que van a instalarse juntos.

O, por supuesto, al planificar la boda.

¿Cuándo es tarde para empezar a conversar con la pareja sobre cuestiones patrimoniales?

Cuando resulta muy difícil volver atrás, en relación a decisiones que ya fueron tomadas. Por ejemplo, cuando dos personas ya se casaron o cuando tienen hijos en común.

También es tarde cuando, debido a la confusión reinante, el diálogo resulta imposible. Por ejemplo, frente a una separación inminente.

En esos momentos, cada uno se abroquela en los derechos y en las posiciones de fuerza que supo o pudo conseguir, y sólo negocia si tiene la expectativa de mejorar su propia posición.

También es tarde cuando uno de los miembros de la pareja muere, y subsisten situaciones confusas que perjudican al cónyuge sobreviviente.

Siempre se puede planificar en las distintas etapas del matrimonio. Pero el momento ideal para comenzar el diálogo es cuando ambos elaboran la idea de un proyecto en común.

## "De esto no quiero hablar"

¿Y si alguno de los dos se niega absolutamente a tocar el tema?

Cada miembro de la pareja debe ser lúcido en su mirada respecto del otro, y, aunque duela, debe sopesar los datos que le brinda la realidad.

Porque, si resulta ser tan difícil abordar conjuntamente el tema patrimonial, cabe deducir que tampoco es bueno el diálogo en otros aspectos que hacen a la vida en pareja.

Una persona tiene derecho a preguntarse, en su fuero interno, antes de un casamiento:

¿Aceptaría en su pareja una tendencia reiterada a la infidelidad?

¿Aceptaría que a él o ella no le gusten los niños?

¿Aceptaría un maltrato permanente y una denigración de su persona?

¿Aceptaría una actitud de constante desprecio a su familia?

Podríamos hacer muchas otras preguntas, que darían la pauta de lo que cada uno está dispuesto a aceptar en su pareja.

La negativa absoluta a considerar los aspectos materiales de la relación puede generar tantos conflictos futuros como la respuesta insatisfactoria a cada una de estas otras preguntas.

A cada integrante de la pareja le corresponde, en su libre albedrío, hasta la facultad de dejarse someter; pero al menos debe tener la oportunidad de decidir si es ése el modelo que quiere seguir en su vida, y el que desea transmitir a sus hijos.

Lo que la experiencia indica es que la renuencia de uno de los dos a dialogar sobre temas económicos o materiales suele traducirse, años después, en conflictos relacionados con el área patrimonial. Por eso, una situación como la descrita merecerá un tratamiento especial y atento.

## ¿Cómo conversar?

Conversar con la pareja sobre cuestiones patrimoniales es casi la antítesis de la idea romántica del amor, esa que se resume en la frase *"contigo, pan y cebolla"*...

Pero cuando sobrevienen los conflictos, resultan evidentes las consecuencias de que haya faltado un diálogo franco.

¿Y cuáles son las características de ese diálogo?

• VOLUNTARIO: debe partir del deseo a comprometerse en algo tan importante como un proyecto de pareja.

• REALISTA: es imprescindible contemplar las circunstancias que pueden afectar el desarrollo material de la pareja.

• TENDIENTE A ESTABLECER ACUERDOS: el mejor diálogo es el que está centrado en la posibilidad de celebrar acuerdos duraderos, que orienten la conducta de los dos en relación con las cuestiones materiales.

No hay que olvidar que las diferentes características personales y la naturaleza del vínculo establecido van a configurar en forma muy singular los objetivos de cada pareja, y también, la posibilidad de lograrlos.

## ¿Cómo lograr los objetivos?

Quienes pueden conversar con la pareja acerca de sus objetivos están en el buen camino para fijarlos con claridad. Y quienes fijan sus objetivos con claridad, han avanzado notablemente hacia la posibilidad de lograrlos. Una de las formas de acercarse a las metas es examinar desapasionadamente la realidad. La planificación del patrimonio en la pareja debe reconocer distintos escenarios posibles en el tiempo: entre ellos, la eventualidad del divorcio y la certeza de que, en algún momento, el matrimonio va a terminar... en el mejor de los casos, dentro de muchísimos años y luego de una feliz vida en común.

## Una lista de asuntos para examinar

La pareja que está dispuesta a tomar precauciones debe detenerse a contemplar determinadas cuestiones básicas, que están contenidas en el siguiente listado:

• ¿Cuál es el grado de independencia económica de cada uno, respecto de las familias de origen?
• ¿Alguno de los miembros de la pareja forma parte de una empresa de familia?
• ¿Qué lugar ocupa el otro en relación a esa empresa?
• ¿Tienen hijos en común?
• ¿Piensan tener hijos?
• ¿Tienen que afrontar cargas económicas para sostener a sus padres?
• ¿Tienen cargas por hijos (por ejemplo, cuotas alimentarias) de un matrimonio anterior?
• ¿Alguno recibe aportes de un ex cónyuge por hijos de un matrimonio anterior?
• ¿Cómo es la participación de cada uno en los negocios del otro?

- ¿Trabajan juntos o planean hacerlo en el futuro?
- ¿Quién es el titular de la vivienda?
- ¿Cuál es el aporte de cada uno, anterior al matrimonio?
- ¿Cuáles son las deudas propias que registra cada uno?
- ¿Hay deudas de la pareja?
- ¿Han prestado u otorgado fianzas, avales o garantías?

Ya sea que dos personas se casen legalmente, que convivan sin casarse o que, aun sin convivir, adquieran determinados bienes en común, lo cierto es que entre el amor y el patrimonio hay vínculos visibles e invisibles, muy particulares, de los cuales, en general, poco se habla. Los motivos de este silencio pueden ser muchos.

## El miedo a ensuciar la relación

Como, en el común de los casos, el diálogo sobre bienes, deudas, patrimonio y dinero suele tener lugar entre personas que no se aman, incorporar estos temas a la conversación con el ser amado implica, para mucha gente, la posibilidad de ensuciar la relación.

¿No es más lindo ir juntos al cine, hablar del amor, de los deseos, y evitar un enfrentamiento basado en las distintas visiones sobre el patrimonio?

## La presunción de codicia

Todo afán inquisitivo o inquietud sobre el dinero en relación con el matrimonio es censurado, en primer lugar, por el propio sujeto. "El otro va a pensar que soy un interesado, que pretendo enriquecerme a costa de su patrimonio, de la riqueza de su familia o de sus buenas oportunidades en la vida. No puedo permitir que nadie me atribuya una intención codiciosa."

El miedo a la "presunción de codicia" inhibe muchas veces una conversación que podría ser sumamente objetiva, provechosa para ambas partes y preventiva de futuros conflictos.

## La presunción de egoísmo

El miedo a que el otro nos presuma egoístas también hace abortar el diálogo franco sobre la realidad y el porvenir patrimonial en la pareja.

Veamos un ejemplo. La novia gana 500 pesos por mes, como profesora de artesanías en madera pintada. El novio retira 5000 pesos mensuales, en su comercio de materiales para la construcción.

Él piensa que el trabajo de ella es totalmente prescindible. De hecho, no tiene relación con el presupuesto que manejarán ambos cuando se casen. Pero tiene miedo de enfrentar la cuestión. Teme que ella crea que, en realidad, lo plantea por puro egoísmo.

A su vez, ella se siente desvalorizada, pero no se anima a plantearlo, porque cree que su situación no tiene salida posible, y no quiere ser fuente de preocupaciones para su novio. No quiere que él la vea quejarse siempre por algo.

## La tendencia a la postergación

Otra conducta habitual es pensar que es mejor dejar para la etapa del matrimonio toda conversación sobre los aspectos de la realidad, y que durante el noviazgo nada debe empañar las dulces horas del romance.

Tal vez ambos estén pensando en aspectos que motivan su ansiedad, pero prefieran postergar el examen de temas patrimoniales o materiales, con el argumento de que "ya tendremos tiempo más adelante".

Sólo que, luego, puede ser mucho más difícil. Si, en relación con lo económico, uno de los dos efectúa un planteo muy diferente de lo que se habían dicho mutuamente durante el noviazgo, el otro puede sentirse confundido y hasta defraudado.

Por lo general, situaciones así fomentan la desconfianza y alimentan sentimientos de enojo que terminan perturbando mucho más la relación.

En conclusión, el noviazgo es, justamente, el momento ideal para explicitar las metas y objetivos económicos, la postura de cada uno con respecto a los medios y fines, las prioridades y valores que los motivan.

Como dato interesante, vale la pena recordar que, en la consulta frente a un divorcio, uno de los conflictos más comunes que suelen mencionar las parejas es el sentirse decepcionados por la actitud de su cónyuge hacia el dinero, el trabajo y el progreso económico, con respecto a la impresión que se habían formado del otro durante la etapa del noviazgo.

Más allá de que en la etapa del romance, naturalmente, cada uno trata de dar la mejor impresión al novio o novia, y de mostrar lo que éste ansía ver (consciente o inconscientemente, estas conductas están implícitas en el proceso de seducción y de conquista), lo más conveniente para ambos es que alguno provoque el diálogo explícito sobre estos temas y que se formulen acuerdos (o negociaciones) al respecto.

Aunque el diálogo, de por sí, no impide que luego las cosas cambien, siempre es una oportunidad de conocer al otro en forma objetiva.

# CAPÍTULO IX

# Nuestro lugar, nuestro mundo

## El hogar

La palabra "hogar" significa, según la definición de la *Enciclopedia Británica*, el "lugar donde se enciende la lumbre; hoguera; casa, domicilio; vida de familia".

Como se ve, todas estas acepciones ligan, de algún modo, el concepto de lugar físico con la dimensión vivencial que representa la "vida de familia".

El sistema legal atribuye mucha importancia a la protección de la vivienda: es una forma de cumplir con la "protección integral de la familia", dispuesta en el artículo 14 bis de la *Constitución Nacional*.

El hecho de que se trate de una cláusula programática de la *Constitución*, es decir, que no está reglamentada a través de una ley específica, de ninguna manera le quita valor.

No es una simple expresión de deseos de quienes la sancionaron: es una disposición de tanta importancia, que constituye un eje temático de nuestra Carta Fundamental, y, necesariamente, el cristal a través del cual los jueces deben analizar toda la realidad.

## ¿Alquilar o comprar?

La herencia cultural de los argentinos nos predispone a tener un fuerte apego a la vivienda propia. Sin embargo, durante los años de las leyes de alquileres de emergencia, la sociedad quedó dividida; primero, en dos, y luego, en cuatro. Así es, porque, con disposiciones que protegían incondicionalmente a los inquilinos, la sociedad se escindió entre éstos y los propietarios. Pero luego, se produjo una nueva división: por un lado, los inquilinos y los propietarios anteriores a la ley de emergencia, y por otro, los inquilinos y propietarios que vinieron después.

Las leyes tendían a favorecer a los inquilinos, pero, cuanto mayor era el campo de protección que se intentaba cubrir, más aguzaban su ingenio los propietarios para eludir las consecuencias más pesadas de la ley. Entonces, como el gran arma de los propietarios era la escasez de vivienda, se obligaba a los nuevos inquilinos a aceptar condiciones más duras aún que las de un contrato normal, en situaciones que no condonaría ninguna ley en "defensa" de los inquilinos. Ningún ejemplo podría ser mejor para convencernos de que la ley es una "frazada corta", ¿verdad?

Años de leyes de emergencia en las locaciones desalentaron la construcción durante mucho tiempo, hasta que el fracaso total de esas políticas intervencionistas dio como resultado un mercado libre, actualmente regido por las disposiciones del *Código Civil*.

Al mismo tiempo, se ha generalizado la oferta de inmuebles pagaderos en cuotas, frente a lo cual renace la disyuntiva: ¿alquilar, para que el esfuerzo de cada mes se lo lleve el propietario y no quede nada a cambio, o comprar, a sabiendas de que cada peso que se invierte es un poco más de la propia casa?

## Pautas de decisión

El saber popular no tiene dudas: mejor, comprar. Sin embargo, cada caso particular merece un análisis específico. Con más razón en la situación actual, en la cual todo parece indicar que se mantendrá una buena oferta de inmuebles en alquiler, sin cláusulas irrazonables en contra de los inquilinos.

Por lo tanto, los factores de análisis serían:

• TIEMPO DE PERMANENCIA ESTIMADO: obviamente, los costos de adquisición de una vivienda y de su posterior venta no justifican semejante movimiento, cuando la expectativa es permanecer en el inmueble un plazo corto, como, por ejemplo, dos años.

• CONDICIONES Y TASAS EN LOS PRÉSTAMOS HIPOTECARIOS: es necesario analizar con cuidado las tasas de interés de los préstamos, la forma de amortización y las restantes condiciones, para decidir si tomar un crédito es una alternativa viable... y posible de pagar. La falta de pago de las cuotas de un préstamo trae como consecuencia un juicio de ejecución hipotecaria, en el que los gastos legales, punitorios y demás conceptos involucrados pueden incrementar drásticamente la deuda y hacer que, como resultado, se pierda incluso el propio capital invertido en la compra.

• PRECIOS DE LOS ALQUILERES Y NIVEL DE OFERTA EN LA ZONA DESEADA: por razones estacionales, en particular en las ciudades de veraneo, o por otras condiciones de mercado, en algunos momentos los precios de los alquileres llegan a ser prohibitivos, de la misma manera en que, otras veces, se tornan tan económicos que justifican postergar la decisión de compra de un inmueble. La pauta de referencia tradicional, en cuanto al valor locativo de un inmueble, ha sido el 1% mensual respecto de su valor de venta, pero ese porcentaje ha llegado a escalar hasta más del 1,2% mensual y, en otros momentos, desciende al 0,7% por mes.

## ¿A nombre de quién debe firmarse un contrato de locación?

Cuando la pareja está casada, es indiferente quién figure como titular de la locación de una vivienda, ya que las circunstancias de la vida de los inquilinos no pueden afectar el contrato:

• Si fallece el inquilino, corresponde que el grupo familiar continúe en la vivienda, mientras dura el contrato.

• Si se separa el inquilino de su cónyuge, la titularidad del contrato de locación resulta tan poco importante para asignar el uso de la vivienda, como la titularidad de la propiedad del inmueble, ya que la "atribución del hogar conyugal", en el caso de separación personal, es una decisión independiente de cualquier análisis sobre los títulos de propiedad o la condición de inquilino de un inmueble.

• Aun en caso de quiebra, la ley prevé que se autorice el pago de los alquileres, para que la quiebra del inquilino no sea motivo de desalojo con respecto a la vivienda.

### Un caso para pensar

*Juan ha sido, durante veinticinco años, el encargado de una importante escuela municipal, con asignación de la vivienda dentro del edificio escolar.*

*Allí ha vivido con su esposa Rocío y sus cuatro hijos menores, hasta que, después de una agria discusión, decide irse a su pueblo natal.*

*En plena irritación, envía un telegrama de renuncia a su empleo, de lo cual se entera Rocío a los pocos días... cuando le hacen saber que deberá desalojar la vivienda.*

*Rocío gestiona por todos los medios que le permitan ocupar el puesto de Juan, pero las autoridades le explican que las vacantes se encuentran congeladas, por lo que el puesto*

*de Juan será cubierto por otro trabajador municipal, en una reasignación de funciones.*
*¡Ah! Todos lo lamentan muchísimo…*

- ¿Cómo juega, en este caso, la "protección integral de la familia" prevista en la *Constitución Nacional*, en relación a una decisión que afecta no sólo los ingresos de Juan, a través del salario, sino la vivienda de sus propios hijos menores?
- ¿Puede Rocío desconocer de alguna manera la decisión de Juan?

Creo que se trata de un interesante caso para debatir.

Lo que me parece indudable es que, cuando una persona adopta intempestivamente una decisión que compromete el futuro de su familia, puede ser convocado por un Juez y un asesor de menores, a fin de instarlo a que revea su posición. Al mismo tiempo, ese Juez estaría en condiciones de dictar una medida de "no innovar", a fin de que se suspendan los efectos de los actos que ponen en peligro el futuro del grupo familiar, cuanto menos hasta tener oportunidad de disuadir a quien, probablemente, actuó sin plena conciencia de la gravedad de sus actos.

Teniendo en cuenta que el *Código Civil* impone el consentimiento conyugal para la venta de cualquier bien ganancial registrable, y también para la venta o hipoteca del inmueble donde está asentado el hogar conyugal (aunque sea un bien propio de uno de los esposos), es lógico extender algún tipo de protección ante situaciones que, en la práctica, comprometen el techo de la familia.

## Los créditos para adquisición de vivienda

A partir de la vigencia de la Ley de Convertibilidad, y en razón de que la moneda se muestra estable, ha surgido un mercado importante de préstamos hipotecarios, que permite a muchas personas acceder a la compra de una vivienda.

A ello se agrega que, desde hace unos años, algunos Bancos pueden emitir títulos sobre su propia cartera de créditos hipotecarios (en términos técnicos, "securitizar"), lo que les permite contar con nuevos fondos para prestar al público. En otros términos: el Banco presta $ 50.000, a diez deudores, lo que hace un total de $ 500.000. Sobre la base de estos créditos, obtiene nuevos fondos de inversores que tendrán, como garantía de su dinero, los propios créditos que el Banco otorgó.

El crédito con garantía hipotecaria consiste en que el acreedor presta al deudor una cantidad de dinero, que se puede restituir de dos maneras: mediante el pago de intereses por períodos mensuales, más la cancelación total de la deuda en una fecha determinada, o, lo que es regla para el sistema de préstamos hipotecarios que conceden los Bancos, mediante el pago de cuotas mensuales que incluyen capital e intereses. A su vez, el crédito queda garantizado mediante una hipoteca sobre el inmueble del deudor.

El sistema de cálculo de las amortizaciones mensuales, en los créditos bancarios, suele ser el "francés", que contiene una amortización creciente de capital en cada cuota. En otras palabras, se trata de un sistema en el cual, durante los primeros meses, la cuota pagada se destina, en su mayor parte, a pagar intereses, y una pequeña parte, a disminuir la deuda de capital. La misma cuota, al final del plazo, asignará un mínimo porcentaje al pago de intereses y una mayor parte, al pago de capital.

Este sistema fue tristemente conocido durante la época de alta inflación, en la que se aplicaban las circulares 1050 y 687 del Banco Central, que hacían las veces de cóctel explosivo: baja amortización de capital, con alto aumento del valor de cada cuota, como consecuencia de la indexación mensual. Esto llevó a algunos jueces a observar que, cuanto más pagaba el deudor, más debía.

En un marco de estabilidad, el sistema francés no es pernicioso de por sí. Cabe concluir, entonces, que lo que afectaba drásticamente a los deudores eran las cláusulas de actualización, mucho más que el mecanismo de amortización del crédito.

## Las preguntas necesarias para tomar un crédito

Ahora bien:

- ¿Sabe el deudor con qué ingresos habrá de abonar la cuota, a lo largo de la duración del crédito?
- ¿Se asegura el deudor de que el tiempo de amortización del crédito no sea mayor al que tiene pensado ocupar la vivienda?

Hay ciertos parámetros clave para que una oportunidad de crecimiento como lo es un crédito hipotecario no termine convirtiéndose en fuente de frustración para un proyecto familiar: que el monto pueda pagarse con los ingresos habituales, que exista puntualidad en el cumplimiento, y que haya un seguro de vida tal que, si fallece quien genera los ingresos para el pago de dicha deuda, la familia esté cubierta de todo riesgo.

## Hoy una promesa, mañana una traición

*Se juntaron, como suele decirse, el hambre y las ganas de comer.*

*Darío andaba muy mal económicamente, después de su segundo divorcio. Por otro lado, su hermana Susana y su esposo, Mario, estaban en una situación crítica desde que la apertura de la importación había dado por tierra con la rentabilidad de la industria textil que éste poseía.*

*Entonces, llegaron a un acuerdo: Susana y Mario pondrían su vivienda como garantía hipotecaria para un crédito de Darío, quien, al obtener el dinero, les daría lo necesario para pagar las expensas atrasadas, y luego se haría cargo de abonar las cuotas.*

*Si bien en la carpeta de crédito del Banco quien aparecía como deudor era Darío, en la escritura hipotecaria firmaron Mario y Susana, como titular del inmueble y esposa, y también Darío, como codeudor.*

*Poco tiempo después, falleció Mario como consecuencia de una vieja dolencia cardíaca. Simultáneamente, a Darío empezó a resultarle imposible el pago de las cuotas. El Banco inició la ejecución de la hipoteca. En su defensa, Susana planteó que por omisión del propio Banco, no se había tomado un seguro de vida que cubriera a Mario, cuyo fallecimiento era el verdadero motivo de la falta de pago.*

*Según el Banco, resultaba evidente que el verdadero deudor estaba vivo, y, aún más, que de acuerdo con los antecedentes cardíacos de Mario, ningún seguro de vida lo habría cubierto.*

Esta historia tuvo un final negociado, en el marco de una mediación. Pero, de haber continuado la discusión legal, es muy probable que la posición de Susana hubiera triunfado, porque el Banco tenía un deber de asesoramiento respecto de sus clientes: no son "iguales", en cuanto a conocimiento de la ley y experiencia en el mercado financiero, un Banco que presta dinero y el dueño de un taller textil.

Y, frente al argumento de que Mario no era asegurable, podemos ofrecer otra visión: que éste no habría aceptado constituir una hipoteca, de haber sabido a tiempo la importancia de la cobertura y de haber conocido que, por su dolencia cardíaca, el seguro no era viable.

## Planificar la protección de la vivienda

Una de las medidas que pueden tomarse durante el matrimonio, no sólo para proteger lo patrimonial, sino para ahorrarse situaciones de ansiedad que afectan el equilibrio afectivo, es planificar la seguridad del inmueble donde vive la familia.

Un buen trabajo de planificación de la vivienda tendrá que repasar los siguientes puntos:

- La titularidad del inmueble ¿figura a nombre de sus verdaderos titulares o a nombre de terceros?
- En caso de figurar a nombre de terceros, ¿siguen vigentes las causas por las que, en su momento, se decidió inscribir el inmueble a nombre de terceros?
- ¿Existe posibilidad de que esos terceros corran algún riesgo económico, en virtud del cual uno de sus acreedores intente un embargo, una inhibición, u otra medida?
- ¿Se ha redactado un contradocumento que pruebe la verdadera situación?
- ¿Existen deudas hipotecarias sobre el inmueble?
- ¿Hay deudas de impuestos, tasas y contribuciones?
- ¿Dónde se guarda la documentación relativa a la vivienda?
- ¿Es segura la construcción, y adecuada a las características de la zona y el clima donde está ubicada (frente a riesgos de inundación, terremotos, ciclones, etcétera)?
- ¿Se adapta la arquitectura de la vivienda a todos los que viven en ella? (Bebés y niños pequeños, ancianos, mujeres embarazadas, etcétera.)
- ¿Es un lugar vulnerable o cuenta con medidas de prevención de robos o intromisiones?
- ¿Se ha contratado un seguro que cubra la vivienda y los bienes que hay en ella, por robo, incendio o destrucción?
- ¿Hay deudas, obligaciones, garantías o avales contraídos que afecten el inmueble?

Planificar la seguridad de la vivienda, en todos estos sentidos, es actuar en forma preventiva, para evitar conflictos y proteger a la familia.

# CAPÍTULO X

# Proteger la vivienda

## El bien de familia

Una de las formas más efectivas de proteger legalmente la vivienda es la que ofrece el régimen del *bien de familia*, que permite inscribir en el Registro de la Propiedad Inmueble una única propiedad, destinada a vivienda familiar o a ser centro de la actividad económica de la familia.

¿Cuáles son las características del bien de familia?

- Que los acreedores por título o causa posterior a la inscripción no pueden ejecutar el inmueble (es decir, llevarlo a remate), para cobrar su crédito.
- Que los integrantes de la familia tienen derecho a vivir en el inmueble, aun después de fallecido el titular originario, sin que los demás herederos tengan derecho a pedir la desocupación.
- Que se reducen los gastos judiciales de sucesión.

## Cómo funciona el régimen del bien de familia

Toda persona puede constituir en bien de familia un inmueble de su propiedad, sea urbano o rural, cuyo valor no exceda las necesidades de sustento y vivienda de su familia. Por destinarse al servicio familiar, se beneficia de este régimen el cónyuge que integra formalmente este núcleo. En cambio, no hay forma de aplicar esta protección cuando la unión no está legalmente constituida.

El régimen de bien de familia produce beneficios de protección, pero también implica sacrificar variados intereses: por ejemplo, el de los acreedores posteriores del instituyente, y los intereses del Estado, por las exenciones en tasas que benefician al bien, en caso de sucesión.

La inscripción de un inmueble como bien de familia trae como consecuencia no poder utilizarlo como garantía, por ejemplo para gestionar un crédito, o frente a un contrato de alquiler.

El inmueble sólo puede ser ejecutado por impuestos o tasas que lo gravan directamente, expensas o créditos por constitución o mejoras introducidas en la finca, pero jamás por otras deudas posteriores a la inscripción.

El bien no puede desafectarse del régimen de bien de familia en vida del instituyente ni a raíz de su fallecimiento, si no existe acuerdo del cónyuge supérstite (sobreviviente) o resolución judicial, o si no se cumplen las condiciones previstas en la misma ley.

Otro punto importante es que el cónyuge tiene prioridad en la administración del bien de familia, desde que se abre la sucesión del titular.

## El valor máximo del bien de familia

Si bien esta disposición todavía no está reglamentada en muchas provincias, el valor máximo para que un inmueble pueda ser inscrito como bien de familia debería ser tal, que no excediera las necesidades básicas de una familia, por lo cual se lo ha estimado en no más de US$ 80.000.[1]

[1] Véanse "XV Jornadas Nacionales de Derecho Civil", Mar del Plata, 1995.

Esto plantea una inquietud significativa: ¿acaso quienes viven en un inmueble que supera ese valor están privados de toda protección?

Probablemente, habría que disponer que se pueda inscribir un inmueble de cualquier valor, pero la protección, en la práctica, no debería superar la suma o los conceptos que en definitiva se determinen. De tal manera, los acreedores podrían satisfacer su crédito de todo aquello que superara el valor predispuesto.

## El bien de familia como protección frente a los acreedores

Normalmente, se entiende que cuando un bien está inscrito como bien de familia, queda a resguardo de las acciones que puedan emprender los acreedores para ejecutar créditos pendientes. Ésta suele ser, a decir verdad, la motivación más importante por la cual una persona decide afectar la vivienda hogareña a este régimen.

Pero a veces ocurre que una persona quiere ampararse en el régimen del bien de familia para repeler deudas anteriores a su constitución, lo que arroja como resultado un fracaso de su estrategia.

Veamos un caso real:

*En mayo de 1984, un fuerte viento que azotó la ciudad produjo, entre otros desastres, la caída de una enorme cantidad de ladrillos de la pared de un edificio sobre la casa de las vecinas, que destruyó parcialmente.*

*El juicio fue muy complicado, porque las dueñas de esa casa demandaron a la Municipalidad, al consorcio del edificio al que pertenecían los ladrillos, a la empresa constructora, a la empresa de albañilería y al arquitecto proyectista y director de la obra. A lo largo del juicio, fue resultando evidente que el verdadero responsable, por un error en el proyecto del edificio, era el arquitecto, cuya conducta llegó a indignar a todos los damnificados: jamás hizo ninguna clase de ofrecimiento para transar el pleito, sino que pretendió, en todo momento, endosarle la responsabilidad... al viento.*

*Cuando terminó el juicio, con la condena al arquitecto responsable de la obra, quedó claro el motivo de tanta resistencia a pagar: el único bien que tenía el arquitecto en su patrimonio era el hermoso piso donde vivía, con vista al río, terraza y lujosas comodidades.*

*Ustedes no van a cobrar nunca —decía el arquitecto—, porque mi departamento es bien de familia.*

El arquitecto y sus asesores estaban cotejando la fecha de inscripción del bien de familia con la fecha del hecho y, sobre esa base, efectivamente, el bien de familia amparaba al inmueble frente a los acreedores.

Pero, en realidad, la fecha que había que tomar como inicio de la responsabilidad del arquitecto no era la del hecho, sino la fecha del contrato por el cual había sido designado para construir la obra, o bien la fecha de los planos.

Aunque ese enfoque de los acreedores fue resistido por el arquitecto, el Juez decidió que, efectivamente, la inscripción del bien de familia no protegía al inmueble frente a la responsabilidad por un hecho de causa anterior. Dicho de otro modo, con respecto a esas acreedoras en particular, la inscripción del bien de familia no impedía el remate del inmueble. Por lo tanto, el arquitecto no tuvo más remedio que pagar la deuda, para evitar que le liquidaran su vivienda.

## El bien de familia en caso de quiebra

¿Qué ocurre con el bien de familia cuando quiebra la persona que lo constituyó?

En casos así, según marcan los antecedentes judiciales que conforman la jurisprudencia, suelen aplicarse tres criterios distintos:

- La primera posición sostiene que el inmueble afectado como bien de familia queda absolutamente desligado del concurso o quiebra de su titular.
- Otro criterio dice que se forma un expediente especial, en el que participan como acreedores aquellos a los cuales la constitución del bien de familia les es inoponible (inválida), porque se trata de acreedores de fecha o causa anterior a la inscripción.
- Por último, una tercera opinión afirma que, por el solo hecho de que existan acreedores anteriores, corresponde incorporar el bien al patrimonio total que se habrá de liquidar, para evitar que haya quienes se beneficien con ese activo y otros que no puedan aprovecharlo.

Sin duda, la segunda solución es la que parece más razonable, ya que la igualdad que buscan las leyes es la que se da frente a situaciones iguales, pero no la igualdad ficticia, que equipara situaciones diferentes. Si un acreedor es anterior a la constitución del bien de familia, tiene a su favor un derecho que no le asiste a un acreedor posterior, y esa desigualdad, que tiene su origen en la realidad de los hechos, no debería ser alterada por la circunstancia de que quiebre el deudor.

## El bien de familia y el cónyuge sin hijos

¿Puede ser beneficiario del bien de familia el cónyuge sin hijos?

En la Justicia civil, como resulta habitual, hay dos posiciones:

Algunas salas[2] de la Cámara Civil de la Capital Federal dicen que corresponde desafectar el bien (art. 36), porque ya no subsiste la familia.

[2] Esta posición es la que sustentan las salas A, B, F y G de la Justicia Civil de la Capital Federal.

Otra posición[3] acepta levantar el bien de familia sólo cuando han fallecido todos los beneficiarios, lo que supone que, mientras viva el cónyuge, el bien de familia debe mantenerse en plena vigencia.[4]

## ¿Qué efectos ejerce el divorcio sobre el bien de familia?

La separación personal y el divorcio vincular no provocan, de por sí, la desafectación del bien de familia. Dicho de otro modo, el bien no puede desafectarse en vida de quien lo instituyó, si su cónyuge no presta conformidad o si no hay resolución judicial.

Decretado el divorcio o la separación personal de los cónyuges, el destino de aquel bien debe resolverse por las reglas propias del régimen de bien de familia (por las cuales es "indisponible" e "indivisible"), más que por las reglas referidas a la partición de la sociedad conyugal.

Entre otras cosas, en el "Primer congreso de profesores de Derecho de Familia", se dijo que "la afectación de un inmueble a bien de familia debe mantenerse en caso de divorcio o separación de cuerpos, en beneficio de aquel de los esposos al cual se le atribuye el uso de la vivienda, especialmente si también se le otorga la custodia de los hijos".[5]

## Cómo se constituye un bien de familia

El bien de familia se puede constituir en dos momentos distintos: durante la vida del titular del inmueble o después de su muerte.

---

[3] Sala C, según inc. d) del art. 49.
[4] *La Ley*, 1986, tomo D, pág. 363.
[5] Cónclave celebrado en Salta, en marzo de 1983.

En el primer caso, la inscripción se realiza directamente en el Registro de la Propiedad Inmueble, donde no se debe abonar sellado alguno, y no se requieren gestores u otros profesionales en forma obligatoria. La inscripción posterior al fallecimiento del titular tiene lugar cuando éste dispone por testamento la inscripción de un inmueble determinado como bien de familia, y es válida siempre que, a través de esa disposición, no se esté afectando la libre disponibilidad de la parte denominada "legítima hereditaria" de los herederos forzosos, es decir, aquella porción de la herencia que los hijos, o a falta de ellos, el cónyuge y/o los padres, tienen asegurada por el solo hecho de que fallezca el titular del inmueble.

Igualmente, aunque no pudiera disponerse la constitución del bien de familia, una persona puede imponer a sus herederos, por testamento, la indivisión forzosa de un bien durante un plazo máximo de diez años.

# CAPÍTULO XI

# Convivencia vs. matrimonio

Diversos factores culturales, sociales y económicos hacen que muchas personas convivan sin haber formalizado su matrimonio.

Frente a ello, se plantean situaciones particulares, que dan lugar a diferentes propuestas de los legisladores y los juristas.

Lamentablemente, en la mayoría de los casos, se pretende generalizar sobre la base de casos particulares, y entonces se pergeñan sistemas muy loables para proteger a las mujeres del Altiplano, pero que constituyen un verdadero avasallamiento de la libertad individual para, por ejemplo, una médica cordobesa que pudo optar y decidió convivir con su pareja, sin pasar por el Registro Civil.

En este tema, las diferentes posturas y expectativas de cada interviniente dan como resultado propuestas que, en algunos casos, son contradictorias entre sí, y en otros, son como las vías de tren... de distintos ramales.

- Por un lado, están los que proponen respetar el *statu quo*. El matrimonio, dicen, es un régimen de excepción, y quien, por el motivo que fuere, no accede a él, no tiene derecho a ninguna de sus características particulares.

• Por otro lado, están los que pretenden reglamentar el concubinato y asignarle consecuencias similares a las del matrimonio.

• A su vez, están quienes diferencian, por un lado, la situación de los que, pudiendo casarse, no lo hacen (en cuyo caso, al no pasar por el Registro Civil, están ejerciendo un acto de libertad) y, por otro lado, la situación de los que no podrían casarse ni aun si lo desearan, como, por ejemplo, las parejas del mismo sexo.

• Algunos distinguen el "concubinato urbano", que responde al concepto de la "unión libre" (o sea, los que deciden convivir sin casarse), frente a la situación irregular que se da en muchas provincias, por razones de falta de educación, y que, en otros países de América, da lugar a regímenes de excepción tendientes a proteger a las mujeres y familias.

• Ciertas propuestas diferencian, por un lado, los beneficios que el Estado debería brindar a quienes viven en aparente matrimonio (éstos deberían equipararse a los que reciben las personas efectivamente casadas), y, por otro lado, las consecuencias de la relación entre esas mismas partes, que deberían mantenerse, como hasta el presente, en el marco de la ausencia total de reglamentación.

• Finalmente, en algunas propuestas se advierte la intención de reglamentar el concubinato, no ya equiparándolo al matrimonio, pero sí atribuyéndole una serie de derechos y obligaciones que lo convertirían en una suerte de régimen matrimonial alternativo.

Si hay tantas posturas y propuestas diferentes, es porque también son diferentes las vivencias de las parejas en relación con el hecho de casarse o no casarse.

Si tenemos en cuenta los propósitos de este libro y el público al que está dirigido, los ejemplos apuntarán especialmente a las situaciones de "concubinato urbano".

## CASO UNO

—*No veo la diferencia entre estar casados o vivir en pareja* —*se ataja Alberto*—. *Yo estoy con vos por amor, no por una libreta.*

—*Bueno, si realmente es lo mismo* —*le replica Estela*—, *¿por qué no nos casamos y les damos el gusto a mis padres?*

## CASO DOS

—*Lo nuestro es puro amor, no está contaminado por lo material* —*dicen Mariel y Javier, quienes acaban de iniciar, en pleno enamoramiento, una convivencia sin matrimonio. Ambos trabajan y aportan todos sus ingresos a la vida en común.*

## CASO TRES

—*Nos vamos a casar cuando los dos terminemos la carrera. Además, pensamos sacar un crédito para comprar un departamento, y vamos a cambiar el auto antes de la boda. Mientras tanto, como no sabemos cuánto tiempo nos puede llevar lograr nuestras metas, vivimos juntos* —*dicen Andrea y Patricio, también enamorados, mientras sueñan con la ceremonia nupcial.*

## CASO CUATRO

—*Yo a Georgina la amo, pero también la amaba a Silvia cuando me casé con ella, y mirá todo el daño que me produjo. Yo no me caso más...* —*se lamenta Gustavo, rotundo en su escepticismo.*

## CASO CINCO

—*Nosotros somos grandes, tenemos nuestros hijos, que son nuestros herederos, y además tuvimos matrimonios anteriores tan desgraciados, que nos vamos a quedar así. Es menos complicado* —*dicen en conjunto Adela y Mario.*

A primera vista, podría parecer que la pareja de Mariel y Javier (*caso dos*) va a generar menos consecuencias patrimoniales que la de Andrea y Patricio (*caso tres*). Al no casarse ni tener bienes en común, lo patrimonial, se puede suponer, va a interferir menos en su relación de pareja.

Ése es, justamente, el razonamiento de Gustavo (*caso cuatro*), motivo por el cual decide soportar los embates matrimoniales de Georgina, contra viento y marea.

Adela y Mario (*caso cinco*) no quieren afectar los derechos hereditarios de sus hijos, por lo cual, para ellos, la decisión de no casarse está fundada en un interés compartido.

Nada de esto parece importar, en cambio, a los protagonistas del *caso uno*: ninguno de los dos resalta, en nombre de intereses propios, las diferencias entre casarse y no casarse, aunque Estela reconoce que, socialmente, y en especial para sus padres, *no es lo mismo...*

## Las diferencias entre casarse y no casarse

El régimen legal argentino se abstiene de tomar postura con respecto a la convivencia sin matrimonio. Esto significa que no la castiga ni persigue, pero tampoco la alienta de manera alguna.

Quizá lo más importante que deben tener en cuenta quienes deciden convivir y no se casan son todas las consecuencias legales (diferentes de las de un matrimonio) que su relación trae aparejadas, para que cada uno pueda elegir, con la libertad que da la información, qué es lo que mejor se adapta a sus necesidades y expectativas.

Esta información suele escasear. A veces, se confunde el régimen vigente con el que rige en otros países del mundo (por ejemplo, Bolivia, donde la convivencia está reglamentada) y con algunos proyectos de ley que, aunque fueron muy difundidos, no contaron jamás con la aprobación de los legisladores.

Todo ello ha llevado a muchas personas a creer que la convivencia sin matrimonio daría determinados derechos a los convivientes, como consecuencia del paso del tiempo, lo que es absolutamente equivocado: el hecho de convivir no da derechos hereditarios recíprocos, ni genera derechos entre los convivientes en el momento en que finalice la convivencia.

Obviamente, cada conviviente puede redactar un testamento para favorecer al otro dentro del límite que permite la ley (hasta un 20% para las personas que tienen hijos, y hasta un 50% para las personas que no tienen hijos, pero cuyos padres viven. Quienes no tienen hijos ni padres en vida, ni cónyuge con relación vigente pueden disponer de la totalidad de su patrimonio en favor del conviviente o de quien lo deseen, con total libertad).

También pueden los convivientes determinar la forma de liquidar los bienes que hubieran adquirido conjuntamente, ya sea en el momento en que deciden separarse, o bien, de manera preventiva, en un acuerdo anterior.

Pero el régimen legal de esos bienes es el que corresponde al condominio, o, en algunas situaciones, a la sociedad de hecho, y nunca al sistema de la sociedad conyugal.

Para dar un ejemplo, si uno de los convivientes es médico y su compañera realiza actividades domésticas, esta última no podrá luego pretender que el dinero acumulado por su compañero sea considerado de ambos, ya que ella no participó en forma directa en su obtención.

En cambio, si dos convivientes explotan conjuntamente un negocio, tienen derecho a dividir las ganancias, pero no ya en razón de la convivencia, sino por su participación en común en la actividad que generó la acumulación de dinero o de bienes.

## Las diferencias entre matrimonio y convivencia, en la práctica

Veamos algunas de las diferencias más importantes entre el régimen matrimonial y la situación de la convivencia de hecho:

- **Frente a la responsabilidad de terceros**
  No siempre "no casarse" es la mejor manera de evitar

riesgos. ¿Quién diría, razonablemente, que la forma de evitar accidentes de tránsito es no subir jamás a un vehículo y limitarse al eterno papel de peatón?

La cuestión patrimonial en la pareja entraña siempre un grado de exposición, así como uno corre riesgos de sufrir un accidente de tránsito no bien sale de su casa. Frente a la eventualidad, no hay soluciones mágicas, sino aplicaciones adecuadas, en cada circunstancia concreta.

Mariel y Javier, nuestros amigos del *caso dos,* o Adela y Mario, del *caso cinco,* quieren evitar las consecuencias jurídicas y patrimoniales que representaría una unión legal. Pero harían bien en tomar en cuenta las consecuencias que podría provocar un imprevisto en su felicidad: ¿qué sucedería si, de pronto, uno de los dos quedara discapacitado o si perdiera a su pareja en un accidente?

En tal caso, por no estar casados, carecerían de ciertas medidas de amparo: los derechos a la pensión (antes del quinto año de convivencia) y a la herencia, la cobertura del servicio médico o de la obra social (que, muchas veces, excluye a los convivientes no casados), el derecho a recibir indemnización por daños y perjuicios, materiales y morales, relacionados con la muerte del conviviente...

• **En caso de separación**

Producida la separación de los convivientes, no existe un equivalente a la "sociedad conyugal": cada cual tendrá derecho a irse con lo que aportó y le pertenece, y cualquier pretensión de reclamar por los aportes realizados ha de toparse con una primera dificultad: cómo probar tales esfuerzos económicos, si el otro, en plena disputa, los niega.

Son, todos, factores dignos de sopesar a la hora de decidir: ya no podemos decir que la convivencia evita consecuencias patrimoniales, sino que *produce consecuencias patrimoniales distintas.*

• **Ante el fallecimiento de un miembro de la pareja**

Al fallecer uno de los integrantes del matrimonio, se produce la disolución de la sociedad conyugal. El cónyuge sobreviviente "retira" la mitad de los bienes gananciales, y la otra mitad pasa al acervo hereditario del cónyuge, juntamente con los bienes propios que éste hubiera recibido por herencia, legado o donación.

Además de la mitad de los gananciales, que corresponden al sobreviviente, éste tiene los siguientes derechos sobre el acervo hereditario del cónyuge:

1) Habiendo hijos, el cónyuge participa en la asignación de los bienes propios, en la misma proporción que cada uno de los hijos.

2) Si viven los padres del fallecido, pero éste no ha tenido hijos, al cónyuge le corresponde el 75% del patrimonio hereditario.

3) Si no existen hijos ni padres del cónyuge fallecido, al sobreviviente le corresponde la totalidad de la herencia.

4) En cualquiera de estos casos, los cálculos se realizan después de descontar la porción libremente disponible, es decir, aquella parte del patrimonio que toda persona puede dejar como herencia, legado o donación a quien quiera. Esa porción disponible asciende a:

• la quinta parte del patrimonio, para aquel que tiene algún descendiente en línea recta (hijos o, a falta de éstos, nietos).

• la tercera parte del patrimonio, para aquel que, no teniendo descendientes, es sobrevivido por alguno de sus padres.

• la mitad del patrimonio para quien, no teniendo hijos, nietos o padres con vida, está legalmente casado.

En cambio, al conviviente nada le corresponde de acuerdo al Derecho Sucesorio, salvo que reciba bienes por testamento, siendo que el límite máximo de un testamento es la "parte disponible"; esto es, después de considerar la "legítima hereditaria" de los herederos forzosos, tales como hijos y, en su defecto, padres y cónyuge.

Asimismo, el cónyuge tiene derecho de habitación vitalicio y gratuito (siempre y cuando no vuelva a casarse) en el inmueble que hubiera sido el asiento del hogar conyugal,[1] es decir que podrá seguir viviendo allí toda su vida, aunque se trate de un bien propio del fallecido.

A su vez, después de la muerte del conviviente titular del inmueble, el que sobrevive deberá desocuparlo, ya que no es amparado por ningún derecho de habitación.

## ¿Y vos, mi reina, de qué te quejás?

*Aníbal y Lea viven juntos desde hace tiempo. No ha sido una decisión compartida, sino, más bien, un "dejarse llevar" de Lea, que ansía casarse, frente a la resistencia de Aníbal.*

*Éste tiene dos hijos de su primer matrimonio, que conviven con ellos. La hija de Lea es mayor de edad, y vive en otra ciudad.*

*Además de la vida afectiva, Lea y Aníbal comparten intereses económicos y laborales: ambos se desempeñan como únicos socios de una sociedad anónima, que explota una fábrica alimentaria, en un local que es propiedad exclusiva de Aníbal.*

*El porcentaje de acciones que tiene cada uno es: Aníbal, el 70%, y Lea, el 30%, pero esta última tiene un poder para manejar la cuenta bancaria, cuando Aníbal viaja a visitar clientes.*

*Aníbal ha contratado un seguro de vida, en favor de los hijos de su primer matrimonio, y de Lea. Dice: "Si me muero, el resultado final para Lea va a ser el mismo que si nos hubiéramos casado, porque con lo que va a recibir del seguro se va a equilibrar la situación, como si la totalidad de la fábrica, incluyendo el inmueble, hubiera sido un bien ganancial. Así que no entiendo de qué se queja".*

---

[1] El art. 3573 bis aclara que el inmueble no debe superar el valor máximo estipulado para el bien de familia, pero éste no se encuentra reglamentado en muchas provincias argentinas.

Obviamente, en este caso la queja de Lea alude al equilibrio económico dentro de la pareja, que no puede concretarse en vida de Aníbal y que sólo le va a dar "beneficios" en caso de que él muera. Mientras ambos vivan, ella seguirá en situación de desventaja.

Para Aníbal, tanto el hecho de no casarse como de conservar las porciones patrimoniales en desequilibrio son formas de mantener a Lea sujeta económicamente.

¿Es bueno manejar así las cosas?

¿Podría cambiar en algo el compromiso de Lea con el negocio que ambos tienen en común, si se supiese titular del 50%?

Veamos qué riesgo corre Aníbal, en caso de separación:

## A. TAL COMO SE MANTIENE LA RELACIÓN ACTUALMENTE

En caso de ruptura, los derechos de Lea se extienden sólo al 30% de las acciones: lo suficiente para molestarlo a Aníbal en la dirección de los negocios, pero demasiado escaso para poder vender su parte a un tercero.

Algo así como la situación de un contrabandista que recibe una parte de los billetes de su paga, que han sido cortados en cuartos, con la promesa de que le entregarán el resto si llega con la carga a destino.

No hay duda de que, en caso de separación, Aníbal y Lea tendrán que negociar qué le queda a cada uno.

En ese momento, sin duda, Lea recordará amargamente la renuencia de Aníbal a inscribir los bienes equitativamente, de tal forma que a cada uno le correspondiera un 50%. Esa sola circunstancia la hará sentir justificada, en su fuero interno, para enfrentar a Aníbal con una actitud dura e intransigente.

Formular un acuerdo por escrito podría evitar eventuales conflictos, y darle certeza a cada uno de los socios respecto de sus derechos, en caso de que la separación fuera inevitable.

## B. SI SE CASAN

Por tratarse de bienes adquiridos por los cónyuges con anterioridad al matrimonio, el casamiento cambiaría las expectativas hereditarias de cada uno respecto del otro y mejoraría, en particular, las de Lea, ya que cada uno de los cónyuges pasaría a ser un heredero del otro, en una proporción equivalente a la de los hijos del cónyuge que falleciera.

El casamiento, de tal suerte, achicaría la expectativa hereditaria de los hijos de aquel que falleciera primero.

A su vez, esto podría paliarse por medio de un testamento, que permitiría beneficiar a los hijos con la porción disponible, y por medio de un seguro de vida, para reemplazar en el patrimonio de los hijos la parte que, eventualmente, se reduciría en sus expectativas en razón del matrimonio.

## El entorno social: no a la discriminación

Actualmente rige la Ley Antidiscriminatoria, que es una verdadera aplicación del derecho a la igualdad, estipulado por el artículo 16 de la *Constitución Nacional*.

Por lo tanto, y más allá de los diferentes regímenes que correspondan a matrimonio y convivencia, nadie puede ser discriminado por su estado civil o por el tipo de vinculación afectiva que haya establecido.

Así, por ejemplo, nadie se encuentra obligado a exhibir una libreta de matrimonio al ingresar con su pareja en un hotel, del mismo modo que no puede ser materia de ningún comentario discriminatorio la mujer que prefiera no utilizar el apellido de su esposo.

## Influencias familiares

Sin duda, es importante la actitud de la familia, a la hora de decidir un casamiento o una convivencia.

El mayor o menor apoyo familiar frente a la decisión que adopte la pareja genera, a su vez, consecuencias muy importantes con el transcurso del tiempo.

Vamos a analizar diversas situaciones posibles.

- LOS PADRES DE LA PAREJA QUE QUIERE CONVIVIR

Frente a los hijos (en particular muy jóvenes) que pretenden convivir sin matrimonio, algunos padres ejercen una fuerte presión para que se casen, como forma de legitimar la relación, hacerla estable y socializar a los contrayentes.

Esta presión puede traducirse, asimismo, en una falta de apoyo económico a la pareja no casada o en la condición de que ese apoyo será brindado, siempre y cuando la unión se formalice legalmente.

- LOS PADRES DE LA PAREJA QUE QUIERE CASARSE

A su vez, frente a los hijos que deciden casarse, los padres suelen analizar una serie interminable de detalles. Las preguntas que se formulan no hacen sino revelar su ansiedad.

*"¿Podrá hacer feliz a nuestra hija?"*

*"¿Será ella una buena esposa para nuestro hijo?"*

También se preguntan sobre cuestiones mucho más complejas, referidas a su salud, hábitos y costumbres, capacidad de trabajo, solvencia moral, profesión religiosa, y, por supuesto, su actitud hacia el dinero, los hijos, el futuro...

En el mejor de los casos, ambas familias se entienden bien, comparten los mismos valores e ideas, se causan mutuamente una impresión favorable, están de acuerdo con la relación de sus respectivos hijos, y apoyan la boda con las palabras y los actos más oportunos y justos.

No siempre es así. Las diferencias religiosas, de formación cultural, de edad, de posición socioeconómica o de valores pueden despertar ansiedad a los padres.

A veces, los padres de alguno de ellos están en una posición económica notoriamente superior a la de sus futuros consuegros. Tienen un importante patrimonio acumulado y quieren apoyar la boda, pero sin que el casamiento le represente a su hijo o hija el riesgo de perder sus derechos, en caso de que el matrimonio fracase.

Las más de las veces, coexisten motivos de tranquilidad y causas de ansiedad, no siempre referidos al futuro yerno o nuera, sino a la unión en sí.

La oposición de padres o suegros causa fricciones y aflicciones a los futuros esposos e, incluso, puede provocar peleas entre ellos.

Por otro lado, no siempre los novios brindan a sus padres el espacio o la oportunidad para dejarlos hablar sobre las cosas que los inquietan. Si los padres del novio, por ejemplo, quieren comprarles un departamento, pero se inclinan a ponerlo a nombre de él, "por si acaso", pueden poner de punta la sensibilidad de su hijo, que interpreta la inquietud como un "vaticinio de fracaso" de parte de sus propios padres.

En estos casos, hace falta mucho tacto y paciencia, pero más que nada, asesoramiento sobre los derechos de los hijos solteros y casados respecto del patrimonio de los padres, o de las situaciones que se modifican a partir de un matrimonio.

• LOS HIJOS, FRENTE A LA PAREJA DE ALGUNO DE SUS PADRES

Resulta muy habitual, actualmente, que alguno de los integrantes de la pareja tenga hijos de una relación anterior.

Se trata de un tema especialmente delicado, si tenemos en cuenta el arduo trabajo de adaptación que debe mediar, para que el nuevo cónyuge entable una relación gratificante con los hijos de su pareja.

Actualmente, la sociedad está interesada en que las nuevas parejas puedan generar "familias ensambladas", en las que se integren con la mayor naturalidad posible los hijos de relaciones anteriores.

Hasta tal punto es así, que tiende a hablarse de "madre afín", "padre afín", "hijos afines", para aludir a la relación entre el nuevo cónyuge y los hijos de un matrimonio anterior.

Detrás de esta denominación, hay una batería de derechos y obligaciones que, de manera más o menos contundente, está consolidándose de un tiempo a esta parte, y que incluye desde el derecho de alimentos de un "hijo afín", en determinadas circunstancias, hasta la posibilidad de que también se tenga en cuenta a los hijos afines, para impedir el desalojo de una vivienda, aunque ésta sea propiedad exclusiva del cónyuge de su madre o padre.

Seguramente, los próximos años depararán grandes novedades en un tema que demuestra cambios enormes en el concepto de familia, y que hoy nos lleva a aludir, de manera más amplia aún, al "entorno afectivo" de las personas.

### • LOS HIJOS DE PADRE O MADRE MAYOR

Cuando una persona mayor encuentra un compañero o compañera, los hijos pueden manifestar un fuerte rechazo, ante la sola idea de que su padre o madre inicie un nuevo matrimonio o convivencia. En estos casos, la unión es vivida como una suerte de "traición", en particular si se produce luego de la viudez.

En algunos casos, también, lo que motiva a los hijos es el deseo de preservar el patrimonio familiar para la futura sucesión, por lo cual rechazan la idea de que el recién llegado o la recién llegada afecte sus expectativas patrimoniales.

## Lo que se puede planificar

Son de tal magnitud las diferencias que arroja en el patrimonio el hecho de estar casado o de estar conviviendo sin matrimonio, que no resulta conveniente soslayarlas a la hora de tomar una decisión en cualquiera de ambos sentidos.

Conocer las consecuencias de casarse y de no casarse permite, en todo caso, adoptar los mecanismos necesarios, tanto para proteger el patrimonio, como al compañero o a los demás componentes del entorno afectivo.

Según lo que convenga y se desee, se puede proteger al compañero o al cónyuge incluyéndolo como beneficiario en un seguro de vida, o bien testando a su favor o donándole bienes determinados.

En fin, existen muchos mecanismos de planificación que permiten adoptar las mejores decisiones para cada caso concreto.

El primer requisito para ello es reconocer las consecuencias de no planificar, y preguntarse si se ajustan a lo que uno realmente desea para los seres queridos, y para su propio patrimonio.

# CAPÍTULO XII

# Cambios personales y patrimoniales

Desde la música popular hasta las más variadas historias de la vida real (como la del recordado Negrete, primer ganador del *Prode* en la Argentina), todo en la cultura parece recalcar la idea de que un cambio patrimonial importante genera también una modificación en los afectos y las relaciones de pareja.

Ocurre que un gran incremento o pérdida de patrimonio sugiere la idea de un cambio, también, en las relaciones de poder dentro de la pareja, lo cual exige un reacomodamiento no siempre posible o deseado.

Vamos a destacar a continuación algunas situaciones que se producen con asiduidad:

## I. De golpe, heredera

*Micaela es profesora en Bellas Artes, pero no trabaja desde que nació su primer hijo, Javier. Desde entonces, depende de los ingresos de Jaime, su esposo, quien se desempeña en una empresa de exportación e importación. Él no gana un sueldo espectacular, pero sus ingresos le permiten pagar un colegio privado para los chicos, salir de vacaciones en verano, pagar la cuota del auto...*

*Sorpresivamente, Micaela se convierte en una de las dos herederas de una hermana de su madre, y recibe tres departamentos en una ciudad del interior y una importante suma de dinero.*

*Y entonces, de un día para el otro, esta circunstancia desata impensadas discusiones.*

*Ocurre que Jaime abriga, desde hace meses, el sueño de independizarse. Y entiende que el dinero de su esposa se lo va a permitir. Dado que viene trabajando duro para asegurar el buen pasar de todos y que, gracias a su dedicación, Micaela ha podido darse el lujo de quedarse en casa con los chicos, se siente con pleno derecho moral a que su esposa invierta la suma necesaria en su proyecto comercial.*

*Sólo que Micaela ve las cosas desde otra perspectiva. En realidad, no confía en la capacidad de su esposo para generar un próspero negocio en forma independiente, y tiene miedo de perder su patrimonio.*

*Por otra parte, ella siempre quiso tener un atelier de escultura. La renta de los departamentos le permitiría armar el taller, pagar un curso de perfeccionamiento con el mejor maestro y comprar los materiales necesarios.*

*En cuanto al dinero en efectivo, le gustaría mantenerlo exclusivamente como una reserva.*

¿Qué habría hecho Micaela, si el heredero hubiera sido él?

Probablemente, lo habría tratado de disuadir igual. Habría seguido pensando que guardar ahorros era una medida mucho más sabia y acertada que invertir en una actividad poco segura.

Sólo que, en la vida real, hay un elemento diferenciador: la titular del patrimonio heredado es ella, y esto le adjudica una importante cuota de poder que, antes, no tenía.

Es inevitable que, en algún momento, se plantee la discusión de fondo...

—A ver, Jaime, escuchame bien. Tengo mucho miedo de que no estés en condiciones de ganar lo necesario para cubrir nuestro presupuesto. La situación está difícil para todos; la semana pasada quebró la empresa donde trabaja nuestro vecino. Vos por lo menos tenés un excelente trabajo, en una empresa que anda bien. Sería ridículo renunciar. Si dejás tu empleo y te va mal, nos vamos a quedar sin plata, y te va a resultar muy difícil conseguir otro puesto como el que tenés.

—Micaela, me parece que estás exagerando las dificultades. Yo tengo muchos años de experiencia, y estoy seguro de que puedo salir adelante solo. Además, ya hablé con algunos clientes, y me dieron a entender que, si me abro, se vienen conmigo. En el peor de los casos, con mi currículum, nada me impide volver a trabajar en relación de dependencia, pero... Quedate tranquila. Nos va a ir bien.

—Yo siento que, como este dinero no te costó, estás dispuesto a arriesgarlo con mucha menos prudencia que si se tratara de tus ahorros. Hasta hace unos meses, todo estaba bien con tu trabajo. Ahora, de pronto, te agarró la locura de independizarte. ¿Qué tiene de malo tu empleo? Disculpame, pero te juro que estoy viendo las cosas objetivamente, y siento que esto es un capricho tuyo...

—Cuando vos elegiste quedarte en casa a criar a los chicos, lo pudiste hacer porque yo te apoyé y banqué la casa. Todo el que se independizó tuvo que arriesgarse. Así son los negocios: el que no arriesga, no gana. Si no lo hago ahora que soy joven, ¿cuándo lo voy a hacer?

—Ah, bueno, pero arriesgá con lo tuyo, no con lo mío. No quiero poner en riesgo este dinero en una aventura tuya que, realmente, no necesitamos emprender. Y, por favor, te pido que no insistas más, porque vamos a terminar peleando.

—¡¿Y qué estuvimos haciendo los últimos diez minutos?! ¡Metete la plata en el bolsillo! No te aguanto más, ni a vos ni a mi trabajo. ¿Te creés que porque recibiste un poco de plata vas a decidir el destino de los demás? Andá buscándote ya un laburo, porque no pienso seguir pagándote la peluquería ni tu cuenta de teléfono. Pero no se te ocurra gastar la plata de la herencia, porque tiene que quedar para los chicos... ¡Si yo no puedo tocar esa plata, entonces que las cosas sean parejas para los dos! ¡Y punto!

¿Fin de la cuestión?

Probablemente, sí. Porque, muchas veces, una herencia marca el comienzo del fin de una pareja.

¿Cómo evitarlo?

Es una lástima que, ante el hecho venturoso de tener una mejoría económica, Micaela y Jaime tengan que pelearse.

Sin duda, van a tener que dialogar mucho, de muchas cosas. En efecto, el diálogo es una de las formas de crear nuevos acuerdos, ante un cambio patrimonial que rompe con el equilibrio y da por tierra con los pactos previos.

Pero, para que el diálogo sirva, ambas partes tendrán que partir por reconocer lo siguiente:

El patrimonio recibido por herencia es propio del heredero, y no ganancial. En cambio, sus frutos (alquileres, intereses, rentas, etcétera) sí son gananciales.

Esto significa que, por ejemplo, si con el producto de la venta de los terneros de una estancia propia, que nacieron después del matrimonio, se compra otro campo, éste va a tener carácter ganancial, y no propio.

Aun cuando los bienes heredados tengan como titular a uno solo de los cónyuges, las decisiones patrimoniales son un elemento de mucha importancia en la vida de una pareja.

Si el heredero ha optado por decidir solo, sin consultar al otro ni esperar su acuerdo, debe saber que su postura puede jaquear el equilibrio de la pareja, inestable por definición.

Las actitudes que cada uno adopta en momentos clave son determinantes, tanto para decidir estar juntos, como para decidir separarse.

## II. Afortunados en el juego...

El enriquecimiento súbito de una pareja (porque, por ejemplo, gana una suma importante en un juego de azar o porque, de golpe, se obtienen éxitos impensados en los negocios) constituye, también, un verdadero desafío.

Un buen día, ya no es necesario seguir librando de la misma manera las batallas cotidianas, porque ahora no hace falta ganar el pan de cada jornada.

Al mismo tiempo, se plantea la posibilidad de ayudar en mayor o menor medida a algunos parientes con dificultades económicas o de encarar actividades sin fines de lucro que habían sido deseadas durante años, como cierto deporte o un arte...

El cambio de fortuna puede implicar un cambio de vida, y es en este punto donde las parejas deben estar muy atentas, para evitar que una oportunidad de crecimiento y felicidad se convierta exactamente en lo contrario; es decir, en una pérdida de espacios compartidos y en un distanciamiento a veces irreversible.

## El fracaso económico

*Francisco y su hermano, Pablo, han combatido hasta el final para salvar la empresa de la familia, pero los precios de sus productos no son competitivos en el mercado externo, y el aumento de los costos operativos hace insostenible la actividad.*

*Llega el momento de vender, pero, para sorpresa de ambos, no hay compradores.*

*El tiempo sigue pasando, hasta que no tienen más remedio que presentarse en concurso preventivo. Saben, sin embargo, que el concurso es apenas la antesala de la quiebra, ya que no estarán en condiciones de formular un acuerdo razonable con los acreedores.*

*Francisco y Pablo deberán buscar nuevas actividades para*

*subsistir, pero, todavía, tienen un proceso que enfrentar: todas sus propiedades personales están afectadas como avales de créditos bancarios, por lo que es posible que, dentro de unos años, ambos queden sólo con deudas y sin ningún activo patrimonial, después de más de treinta años de trabajar incansablemente.*

En estas tierras, son más los que sufren un deterioro abrupto que un súbito progreso.

Lamentablemente, la atención que requieren los negocios que fracasan impide ocuparse concienzudamente de las consecuencias familiares, y ello se traduce, luego, en crisis de pareja difíciles de sobrellevar.

La historia de Francisco y Pablo es similar a la de muchos otros, que no advierten que están mezclando su patrimonio familiar y personal con el de su empresa.

Así como, en determinados momentos, tienden a sacar de su empresa más de lo que ésta está en condiciones de dar, en otros momentos responden con el patrimonio de la familia frente a dificultades típicamente atribuibles al riesgo comercial.

¿Los acompaña el resto de la familia, y en especial, las esposas, frente a esta realidad?

En muchos casos, las quiebras son la antesala del divorcio, porque la pareja no tiene la fuerza suficiente para sostener una situación de esa naturaleza.

## Los prejuicios hacia el otro

La falta de diálogo sobre el patrimonio produce graves confusiones: cada uno atribuye al otro determinadas conductas o pensamientos que cree inmodificables y absolutos.

El caso siguiente muestra las consecuencias de la falta de diálogo.

*Marcelo era un exitoso profesional que, desde el comienzo de su segundo matrimonio, había aportado tanto el dinero del sustento cotidiano, como la hermosa residencia donde vivían, el auto y la casa de fin de semana.*

*Durante algunos años, ninguno de los dos cuestionó este estado de cosas: al poco tiempo de casados, Silvana había quedado embarazada, y, como tenía que hacer reposo, se vio obligada a renunciar a su trabajo en relación de dependencia.*

*Cuando su hijo nació, fue decisión de ambos que Silvana no volviera a trabajar: se ocupó de la crianza de Gastón, y, al tiempo, nació Lucía.*

*Pero entonces los chicos crecieron, y, cuando ya los dos estaban asistiendo a la escuela primaria en doble turno, Silvana, que era fonoaudióloga, se fue mostrando incapaz de conseguir un nuevo trabajo.*

*Todas las mañanas, Marcelo se amargaba en silencio, cuando advertía que, mientras él se iba a trabajar, Silvana se quedaba durmiendo.*

*Esta cuestión se convirtió en una verdadera pesadilla para la pareja, porque Marcelo estaba de mal humor, pero no le podía transmitir a Silvana qué originaba el malestar. Por su parte, Silvana podía palpar esos silencios, y se sentía desvalorizada e impotente para modificar la situación. Temía que, en cualquier momento, Marcelo planteara la separación.*

*Marcelo estaba cada vez más convencido de que la actitud de Silvana se debía a holgazanería pura. Decidió sacudir esa parálisis de su mujer, pero, como él daba por sentado que se trataba de una conducta deliberada o consciente, basada en la falta de voluntad de colaborar con la economía de la pareja, empezó a plantearle ejemplos de mujeres separadas que, por recibir una magra cuota alimentaria, habían tenido que salir a trabajar.*

*Lejos de mejorar, Silvana entró en una situación de mayor confusión y parálisis. Por entonces, ya estaba convencida de que su marido quería separarse de ella.*

*Un día, Silvana escuchó un diálogo entre Marcelo y un*

114

amigo. *Éste le preguntaba si conocía alguna persona que pudiera encargarse de la representación de una empresa en la ciudad, a lo cual Marcelo contestó que no.*

*Frente a esta respuesta, Silvana decidió preguntarle a Marcelo, frontalmente: "¿Por qué no le hablaste de mí?". Y Marcelo le contestó sin dudar: "Para ese trabajo hay que levantarse temprano, y a vos te gusta dormir hasta tarde".*

*Casi por casualidad, Silvana y Marcelo pudieron iniciar un diálogo diferente. Porque la situación le permitió a Silvana hablar de su insatisfacción y del verdadero anhelo que tenía de conseguir un trabajo y ganar su propio dinero.*

*A Marcelo, a su vez, lo sorprendió descubrir las verdaderas causas de las actitudes de su mujer que tanto lo irritaban.*

*Esta charla permitió a los miembros de la pareja ocupar nuevas posiciones relativas frente al otro, pues cada uno descubrió que su pareja era diferente de lo que creía.*

Sin duda, muchas veces resulta más fácil atribuirle al otro determinadas conductas e intenciones, y sobre esa base callar las propias expectativas, o actuar en consecuencia de lo que uno cree percibir.

Sin embargo, la posibilidad de plantear abiertamente las propias expectativas y necesidades vale la pena, y ayuda a consolidar la armonía dentro de la pareja.

# CAPÍTULO XIII

# El patrimonio dinámico: las empresas

## ¿Qué es una empresa?

Podemos definir a la empresa como una organización de bienes y servicios que tiene por objeto producir bienes y/o servicios, para obtener lucro. La organización empresaria puede incluir el local donde funciona, sus maquinarias, el personal, los organismos de conducción, el *know how* para la producción de los bienes y servicios que hacen a su objeto, los contactos en el mercado y todos aquellos procesos que llevan al cumplimiento de su finalidad lucrativa.

La actividad empresaria siempre trae aparejado un riesgo; por ese motivo, toda empresa tiende a organizarse como una entidad separada y distinta de las personas que la integran, que es la manera de impedir que el eventual fracaso empresario afecte los patrimonios personales.

Esas entidades diferenciadas de la persona del empresario son las sociedades, cuyo origen histórico se encuentra en las empresas de navegación. Siglos atrás, sólo a través del mar resultaba posible atravesar el mundo de un lugar a otro. Aquellas empresas navales entrañaban tantos riesgos (sobre la carga y sobre el navío), que se tornó necesario limitar la responsabilidad personal del empresario que armaba el buque.

Las sociedades que hoy conocemos (anónimas, de responsabilidad limitada, etcétera) evolucionaron y adoptaron formas distintas, capaces de satisfacer las necesidades de vinculación comercial más diversas: desde las sociedades de personas, basadas casi exclusivamente en la confianza mutua entre los socios, hasta las grandes corporaciones, con accionistas desconocidos entre sí, que, a su vez, formulan alianzas de diversa índole a lo largo y a lo ancho del mundo.

Sin embargo, los fundamentos por los que las empresas se estructuran en forma separada de las personas no siempre se cumplen del todo: en muchos casos, los titulares de las empresas terminan garantizando las deudas que éstas contraen con sus acreedores, con lo que termina siendo en vano todo el esfuerzo aplicado en constituir sociedades con patrimonios diferenciados del de sus socios.

## Avales personales a deudas empresarias

*Cuando murió el dueño de la casa de alfombras, a nadie le cupo ninguna duda de que las angustias del último año, con un negocio en decadencia y deudas en aumento, habían sido la causa principal.*

*La viuda venía diciendo desde hacía tiempo que la empresa era insostenible y que había que "parar la pelota": ella sabía que su marido podía presentar la sociedad anónima en concurso preventivo, lo cual le daría tiempo suficiente para recomponer el capital empresario antes de tener que pagar las deudas.*

*Fallecido su esposo, ella creyó estar segura de los pasos que debía seguir. Más allá de su dolor, tenía esperanzas en que la propia muerte del dueño de la empresa diera mayor justificación aun a la presentación legal.*

*Sin embargo, nada ocurrió de acuerdo con lo imaginado: la empresa no sólo tenía deudas comerciales con los proveedores, sino, muy especialmente, una elevada deuda financiera en los Bancos.*

*En tal caso, el concurso preventivo no serviría de nada: porque todos los Bancos habían solicitado avales personales, tanto al difunto, como a su esposa y hasta a los padres de ella.*

*De tal forma, aunque todos los acreedores comerciales tuvieran que aceptar un acuerdo en el concurso preventivo, la viuda se encontraba con las exigencias de los Bancos, que iniciarían juicio inmediato contra todos los garantes.*

Este caso es tan común, que cualquier abogado dedicado a concursos preventivos o quiebras podría contar alguna historia dramática, de un cliente que, después de años de esfuerzos, se encuentra ante una penosa realidad: no sólo ha de perder la fuente de trabajo y sustento de su familia, sino, muchas veces, la totalidad de su patrimonio, y hasta el de las personas más cercanas.

Es una práctica habitual, en particular para las entidades financieras, pedir todo tipo de avales de terceros como condición previa al otorgamiento de un crédito.

La consecuencia de ello es que las circunstancias que pueda estar atravesando el deudor no afectan en absoluto al acreedor, cuya fortaleza reside en que hay varias personas involucradas en el cumplimiento de la obligación de pago.

De tal forma, en la práctica, toda obligación financiera garantizada por terceros termina siendo de diferente entidad a las deudas simplemente comerciales, ya que, en estos últimos casos, no suele haber garantes de ningún tipo.

## ¿Cómo se organiza una empresa?

Una empresa puede estructurarse de diferentes maneras: un ente unipersonal (en general, es lo que ocurre con las pequeñas empresas, y con los bufetes, estudios o consultorios de muchos profesionales independientes), una sociedad de hecho, o irregular, o una sociedad legalmente constituida.

Entre estas últimas, los tipos de sociedad más comunes son, actualmente, la sociedad anónima y la sociedad de responsabilidad limitada.

Cuanto más se pueda separar a la empresa de la persona de su titular, mayores posibilidades existirán de que aquélla no se vea afectada por las crisis personales o las enfermedades del empresario.

Hasta es factible que una empresa pueda trascender en el tiempo, a través de una sucesión exitosa, no sólo de la propiedad empresaria, sino, fundamentalmente, del poder de mando y la dirección de los negocios.

Sin embargo, no siempre la perdurabilidad de una empresa está entre los objetivos de sus titulares: como decía un amigo, que parecía feliz por ello, "mi empresa nace y muere conmigo todos los días".

Lo que es seguro es que la perdurabilidad que se le quiere dar a la empresa debe ser motivo de una seria ponderación y analizada objetivamente, para adoptar las conductas que mejor satisfagan los intereses y deseos del empresario, y, en muchos casos, también de su núcleo familiar.

## Diferentes actitudes

*—Mis padres actuaron con mucho criterio —explicaba orgullosa una asistente a un seminario de empresas—. Como advirtieron que ninguno de sus hijos tenía vocación por continuar la actividad, mi padre se ocupó de vender la empresa antes de retirarse, invirtió de forma tal de tener una muy buena jubilación y repartió el remanente a los hijos, como adelanto de su herencia.*

*"No me cabe duda de que si hubiéramos tenido que hacernos cargo de la empresa nosotros —agregó—, la habríamos perdido en poco tiempo.*

En este caso, la mejor decisión fue deshacerse de la empresa.

En otros casos, en cambio, toda la energía está puesta en hacer que la empresa continúe durante la generación siguiente. El empresario siente, en esos casos, que lo que debe cuidar no sólo es su familia, sino también la propia empresa, que, muchas veces, es percibida como un hijo más.

Según una interesante perspectiva, se trata de preparar la empresa para los sucesores, y a los sucesores, para la empresa.

## ¿Cuánto vale una empresa?

Cuando la decisión es vender, sobreviene una cuestión importantísima: ¿cómo determinar el precio de la empresa?

Alguien dirá, con pragmatismo riguroso, que una empresa vale lo que alguien pague por ella.

Pero si no nos proponemos vender la empresa, sino, por ejemplo, saber su valor para un acuerdo amigable en el marco de un divorcio, o de una separación entre socios o para un acuerdo entre los herederos del titular fallecido, esa respuesta no nos resulta suficiente.

- El primer criterio para valuar una empresa es el VALOR DE MERCADO DE SU INVENTARIO.

Sin embargo, no suele ser un criterio demasiado útil, ya que la suma del valor de los bienes por separado no refleja de ninguna manera el valor real de la organización.

*Inmobiliaria Rodríguez se basa en las relaciones personales de su dueño, Ramiro. Funciona en un local alquilado, con tres escritorios comunes y una cartelera a la calle por todo mobiliario...*

Si nos atenemos a la tasación de los bienes muebles, podríamos decir que la empresa no vale casi nada, lo cual sería absurdo, ya que la familia Rodríguez vive bien gracias a la inmobiliaria.

- Un segundo criterio útil es el del RECUPERO DE LA INVERSIÓN.

Este método consiste en calcular la "inversión acumulada", es decir, el conjunto de bienes involucrados en el funcionamiento de la empresa, y prorratear esa inversión a lo largo del tiempo. Dicho de otro modo, consiste en averiguar cuánto gastó una persona para llegar a un determinado lugar, con el fin de calcular el costo que tendría que afrontar otro, en similares circunstancias, para obtener los mismos resultados.

Si tuviéramos que decirlo mediante una expresión más gráfica, sería el "costo de tomar la posta".

El criterio actualmente más utilizado es el de la FACTIBILIDAD DE LA RENTA.

Una empresa no sólo vale lo que alguien pague por ella, o los muebles e inmuebles que la componen, o la cantidad de dinero que necesitaría una persona para montar una empresa igual, sino, especialmente, lo que marca su capacidad de producir beneficios.

Y esto implica, por ejemplo, analizar la facturación, descontarle los gastos, calcular una retribución diferenciada para el director de la estructura (en realidad, el dueño) y, al resto, cuantificarlo como "renta mensual de la empresa".

Mediante determinados cálculos actuariales, si se proyecta esa renta y se le agregan las posibilidades de incremento o reducción en un tiempo determinado (por ejemplo, durante el año siguiente al cálculo), será posible determinar el valor de un "fondo de comercio". Y aunque, en muchos casos, nadie compraría el fondo de comercio, esta cuantificación permitiría calcular una compensación entre las partes que se separan.

## Las decisiones de inversión

*Samtex SA se ha constituido entre dos bioquímicos y un contador, para explotar un laboratorio de análisis clínicos. Han decidido que no les conviene montar un laboratorio desde cero, ya que eso implicaría adquirir una cantidad enor-*

me de muebles y utensilios, que, por lo menos en una primera etapa, no es necesario que sean nuevos. Por el contrario, les parece adecuado adquirir un laboratorio en funcionamiento, ya que eso les evitará las demoras en el montaje de la organización que supone cualquier empresa nueva.

En un mismo día, luego de una larga búsqueda, cada uno de los bioquímicos encuentra un laboratorio en venta, pero para su sorpresa, aunque tienen instalaciones casi iguales, los dueños de uno de ellos piden el doble de lo que piden los dueños del otro.

Los dos bioquímicos se sienten inclinados a comprar el laboratorio más barato, pero, cuando lo consultan con su socio, se encuentran frente a preguntas que no pueden responder.

El contador les pide a cada uno de los bioquímicos que averigüen una serie de cuestiones, como condición previa para tomar cualquier decisión. Les hace notar que existe una serie de factores que alteran la rentabilidad de una empresa, no sólo en el presente, sino también en función de previsiones respecto del futuro.

En ese sentido, ejemplifica, no es lo mismo tener que discutir un contrato de locación con un propietario razonable, que sólo pretende obtener un lucro lógico por su inmueble, que tener que soportar a un propietario decidido a hacer la vida imposible a sus inquilinos, quizás a partir de una falsa expectativa respecto de lo que debería rendir su inversión.

- ¿Por cuánto tiempo se suscribirá el contrato de alquiler con el propietario del inmueble donde funciona el laboratorio?
- ¿Quién es el propietario?
- ¿Tiene el propietario otros inmuebles alquilados?
- ¿Cuál es su actitud, en general, hacia los inquilinos?
- ¿De qué vive el propietario?
- ¿Cuáles son las condiciones del contrato y el monto del alquiler?
- ¿Qué contratos con obras sociales tiene vigente el laboratorio?
- ¿A cuántos clientes privados atiende?

122

- ¿Cuáles son los costos de explotación? (expensas, luz, teléfono, gas, cantidad de material descartable, pago de salarios, etcétera).
- ¿Cuál es la antigüedad del personal?
- ¿Se hace cargo el vendedor de abonar las indemnizaciones al personal?
- ¿Cuál es la facturación anual?
- ¿Cuáles son el margen bruto y el margen neto de la explotación?

Estas preguntas llenan a los bioquímicos de tranquilidad. Por un lado, se congratulan de no haber estudiado para contadores, y, en segundo lugar, se felicitan por tener un contador como socio.

En el mundo extremadamente competitivo en el que nos toca vivir, no alcanza con las buenas ideas ni con el conocimiento técnico de una determinada disciplina, para triunfar en la actividad empresaria.

Es necesario considerar una serie de factores, que, en conjunto, permitan elaborar un plan estratégico, para que el negocio tenga las mejores posibilidades de éxito.

# CAPÍTULO XIV

# Empresa de familia, familia de empresa

## ¿Qué es la empresa familiar?

En el capítulo anterior hablamos de la organización general que pueden adoptar las empresas. Ahora, relacionemos esta información con la realidad de algunas de ellas, muy difundidas en nuestro país, y cuya problemática merece especial consideración: las empresas familiares.

Pensemos en un mecanismo de relojería, montado con piezas circulares de distintos tamaños, que giran a velocidades diferentes, unas alrededor de las otras, como un perfecto orden de engranajes que marcan las horas en forma casi exacta.

Si extrajéramos una de las piezas de ese mecanismo, el reloj dejaría de cumplir su función. Evidentemente, se trata de un sistema, es decir, una organización de elementos pautada de forma tal, que el producto final no es igual a la suma de cada una de las piezas, sino algo diferente.

Pues bien, igual que en los mecanismos de relojería, podemos pensar que una empresa familiar es un sistema que, a su vez, debe armonizar con otro sistema, el de la familia.

Así como habíamos dicho que el "sistema empresa" es una organización de bienes y servicios, que, a su vez, produce bienes y servicios con fines lucrativos, podemos decir que el "sistema familia" es otra organización de personas, vinculadas entre sí por lazos de sangre o de afecto, cuya finalidad es la realización personal de cada uno de sus miembros, y que cabe pensar como un gran continente que debe permitir el desarrollo de cada integrante.

Si uno preguntara a cada integrante de este sistema familiar cuál es la empresa de la familia, tal vez muchos dirían *González* SA (o *Tienda Las Delicias* SA, o *Campos del Sol* SRL o tantas otras...).

Sin embargo, los integrantes de una familia no pueden perder de vista que tienen ante sí una empresa de familia aún más trascendente: desarrollarse armónicamente, crecer, reproducirse y permitir la realización de cada uno de sus miembros, en un marco de amor y comprensión.

Quienes no lo ven de esa manera corren riesgos muy grandes.

Se dice que es muy difícil que una empresa familiar pueda subsistir más allá de la segunda o tercera generación.

Sin embargo, en el mundo existen ejemplos de empresas que superaron exitosamente esos trances, hasta tal punto, que algunas de ellas provienen de organizaciones creadas en el siglo XVII, y ya han pasado exitosamente a lo largo de muchas generaciones.

Por lo común, hay una figura central que administra y tiene el control de la empresa, y ella es quien coordina el trabajo de los demás. A veces, este lugar central es compartido por dos hermanos, o primos, o por el cónyuge, con la correspondiente subdivisión de funciones (uno se encarga de la relación con los clientes; el otro, de la producción, por ejemplo).

Pero, por lo general, en la primera generación la empresa es el fruto de la visión y la inversión de una sola persona.

## Los cambios en la familia

"Dígame, ¿cuál de sus hijos debería dirigir la empresa, cuando usted se retire?", le pregunta un consultor a un empresario, según cuenta James Bieneman en su libro *Guía para la planificación total en empresas familiares*. Y el empresario responde: "Ah, no tengo la menor idea... Pregúntele a mi esposa; ella seguramente va a saber".

Ocurre que el empresario pasa toda su vida haciendo lo que sabe y, un buen día, se encuentra frente a dos organizaciones cuyas dinámicas no necesariamente coinciden: la empresa y la familia.

Pero sabe que debe conciliar, indefectiblemente, las necesidades de cada una de ellas, para que ambas puedan subsistir y desarrollarse con éxito.

Porque se parte de creer que, en una empresa de familia, los problemas siempre están "afuera": en los impuestos; en los asuntos laborales; a lo sumo, en las cobranzas...

Pero sucede todo lo contrario. El lugar más expuesto a causar problemas es el de los vínculos de familia, justamente porque son el nudo de esta clase de empresas, donde se cruzan generaciones, afectos, mitos y tradiciones familiares, lazos políticos y consanguíneos, sueños privados y sueños hacia la empresa...

Los problemas personales repercuten invariablemente en la empresa familiar, donde cada miembro lleva consigo una situación conocida y compartida por todos, y donde el vínculo personal y afectivo sigue actuando, fuera del ámbito de la empresa y del horario de trabajo.

Es habitual que un empresario consulte a un profesional asesor cuando está por comprar un auto usado, pero, cuando su hija se case, seguramente, se limitará a llevarle una participación del casamiento, sin consultarle nada al respecto.

Parecería que, en la representación imaginaria de ese empresario, su compañía corre más riesgos frente a un vendedor de autos usados que frente a un yerno. Sin embargo, las consecuencias de un mal divorcio pueden causarle mucho más daño que varios "autos mellizos".

Por otro lado, el profesional contratado para librar las batallas cotidianas suele centrar su atención en los telegramas laborales, las declaraciones impositivas, las cuentas propias y ajenas sin saldar. Por ello, suena verosímil lo que esta empresaria tiene para contar:

Al parecer, la señora comentó a su contador que quería ir planeando la sucesión en la empresa, preocupada porque su hija había sido desplazada del Directorio.

—Dejate de embromar... —le dijo el contador, seguramente con ánimo de infundirle tranquilidad—. Sos demasiado joven para pensar en eso.

Como si la gente sólo pudiera morirse después de los ochenta.

Justamente porque en las empresas familiares cualquier hecho privado de la vida de un socio (divorcio, fallecimiento, etcétera) puede afectar sin control la vida empresaria (máxime, cuando no cotiza en Bolsa), en estas organizaciones es indispensable crear una cultura de planificación, para modificar aquellas prácticas que exponen, innecesariamente, tanto a la familia como a la sociedad.

## ¿Puede considerarse a la empresa unipersonal una empresa de familia?

Por lo general, el origen de las empresas familiares se encuentra en la iniciativa de una persona que, sola o con ayuda de su cónyuge, hermanos, hijos o familiares de otro grado, invierte su trabajo personal y su capital en el desarrollo de una unidad de negocios.

Muchas empresas de familia comienzan por ser organizaciones unipersonales y luego van creciendo por agregación.

Pero bien puede ocurrir que el esposo o la esposa construya una empresa unipersonal y que ésta nunca se convierta en una organización familiar.

El dueño hace y deshace a su voluntad el rumbo de su negocio, lo que, a veces, hace decir a algunos empresarios unipersonales: "Acá yo soy Dios. Se me ocurre vender, vendo. Se me ocurre comprar, compro. El día que ustedes tengan su empresa, hagan lo que quieran con ella".

Y en esta característica, precisamente, se encuentra su principal riesgo.

Si al titular de la compañía "sin compañía" le sucede algo que lo aleja de su organización, la que muere, con toda seguridad, es su empresa.

En pocas palabras, podemos concluir que las organizaciones unipersonales o las que dependen en gran medida de una sola persona poseen estas características:

- No se sustentan más allá del estilo y del talento de su creador.
- Resultan difíciles de reproducir en otro contexto histórico o geográfico.
- Por lo tanto, dependen de la salud y el equilibrio anímico de su dueño.

En caso de muerte del titular, no es posible esperar que la empresa sobreviva.

Si el titular tiene algún conflicto familiar o afectivo, es muy posible que resienta su actividad, y que ello le genere pérdida económica.

## La información

Muchas personas, cuando toman contacto por primera vez con la información contable, se sienten desorientadas, porque lejos de entender mejor la verdad, terminan aún más confundidas por la oscuridad de las cifras y planillas. Así que es necesario aproximarse a la información contable con la conciencia de que *necesita ser interpretada*.

¿Cuál es la función de la información contable? ¿Qué beneficios nos brinda?

- Evaluar la gestión de la empresa en su conjunto.
- Detectar el funcionamiento de cada sector.
- Analizar si la empresa está siendo conducida de una manera eficiente.
- Determinar todas las cuestiones impositivas, lo cual im-

plica considerar tanto los desembolsos por impuestos como las posibilidades de exención o desgravación, en circunstancias determinadas.

• Satisfacer los pedidos de información solicitados por organismos oficiales.

• Analizar la rentabilidad y la situación patrimonial de la empresa, a los efectos de invertir en ella.

• Obtener créditos, ya sean de fuente bancaria, financiera o comercial. Sin duda, cuando una empresa carece de información confiable, no puede lograr, tampoco, que otro decida arriesgar su capital en ella.

• Determinar la legalidad de la distribución de ganancias.

• Hacer posible la fiscalización de la empresa, a cargo de organismos estatales como la *Inspección General de Justicia.*

El examen de todo lo dicho nos permite ver que tanto el asesoramiento profesional como el análisis de la información sirven para observar el desempeño actual y también para tomar medidas preventivas, con miras a engrandecer la empresa y evitar conflictos futuros.

## Familias y empresas en el siglo XXI

El panorama familiar, hoy, es mucho más complejo y diverso que hace cincuenta años.

Los matrimonios se pueden divorciar, y esto determina grandes consecuencias en el reparto y la liquidación patrimonial. Pero el divorcio les da a ambos cónyuges la posibilidad de volver a casarse, que antes no tenían.

Es decir que hoy son comunes las segundas o ulteriores nupcias y la coexistencia de hijos de más de un matrimonio, pertenecientes a familias políticas distintas. La forma en que esto juega dentro de una empresa familiar merece una cuidadosa atención.

Es más frecuente que la mujer postergue la decisión de la maternidad hasta una edad a la que, antes, se preparaba para ser abuela. O que a esa edad vuelva a tener hijos de un segundo matrimonio, a pesar de tener ya hijos grandes de un matrimonio anterior. Todos los hijos tendrán los mismos derechos pero pertenecerán a generaciones distintas, y su posibilidad de integrarse a la empresa familiar no será la misma, por una lógica razón de edad.

También son comunes los hogares monoparentales, que antes constituían una excepción cargada de sombras.

Todas estas situaciones generan consecuencias patrimoniales muy serias, que deben ser previstas y analizadas con asesoramiento preciso, para evitar graves conflictos en el futuro.

Por otra parte, también las empresas han cambiado, y van a evolucionar muchísimo más deprisa en el futuro cercano, a raíz de las nuevas exigencias del mercado globalizado.

## La organización legal de las empresas familiares

Muchas empresas argentinas se registran como sociedades: generalmente anónimas, y en otros casos de responsabilidad limitada, o en comandita.

Estas formas societarias no siempre reflejan las verdaderas expectativas y necesidades de quienes figuran como socios ni las de quienes, como miembros de la familia, no están en la empresa.

¿Por qué motivos una empresa familiar se organiza como sociedad comercial?

• Para bajar la presión tributaria, al modificar las pautas sobre cuya base se habrá de computar el monto imponible.
• Como manera de prever desequilibrios económico-financieros, incorporando capitales de parientes o amigos.
• Para unificar y dividir patrimonio.
• Para dinamizar la transmisión hereditaria.
• Para organizar la relación entre los socios y otros familiares.

• Para proteger el patrimonio personal de los integrantes de la familia.

• Por razones de imagen, ya que en virtud de ciertos preconceptos, se le adjudica a una sociedad comercial mayor solidez o importancia que a otras formas de organización.

## Las sociedades, en el resto del mundo

En muchos otros países, es poco común que una empresa familiar se constituya como sociedad anónima. Por ejemplo, en los Estados Unidos (con el nombre de *closed companies*), en Inglaterra (como *private companies*), en Holanda, Francia, Alemania y otros países, existen tipos societarios especiales para la "empresa de familia". Y, en general, poseen estas características:

• El número de socios que pueden tener es limitado (entre 20 y 50 como máximo).

• Hay especiales castigos para el fraude entre socios.

• En caso de que algún socio desee retirarse de la sociedad, puede solicitar que los restantes le adquieran su parte, *al valor real de sus acciones.* Esto es importantísimo, pues una de las grandes limitaciones, en las empresas que no cotizan en Bolsa, es la facultad de un socio de retirarse, ya que el valor de su participación societaria puede ser desdeñable, si no existe nadie dispuesto a comprarla.

• Los administradores tienen las mismas obligaciones y responsabilidades que un administrador fiduciario, lo cual significa que las sanciones para sus incumplimientos son verdaderamente severas.

Así pues, en estos países, la mayor parte de las empresas medianas, con menos de cincuenta socios, se inscribe como "sociedad de responsabilidad limitada" o, en algunos casos, como "sociedad de familia".

Dicho de otro modo, quien desea armar una empresa allí no necesita constituir una sociedad anónima, ya que aun en el marco de una SRL, el mercado considerará su empresa por lo que vale, y no habrá necesidad de "disfrazarla" de SA para que valga más.

## Las sociedades en la Argentina

Como cuesta más o menos lo mismo constituir una SRL que una SA, muchos tienden a fundar sociedades anónimas, aun cuando la legislación prevea condiciones de funcionamiento mucho más complicadas para estas últimas.

En nuestro país, la gran diferencia no es la que separa las sociedades anónimas de las otras, sino la que media entre las sociedades de capital abierto (las de movimiento bursátil) y las cerradas (dentro de las cuales se incluyen las PYMES y la mayor parte de las empresas de familia).

¿Cuáles son las diferencias prácticas entre unas y otras?

Las sociedades abiertas cotizan en Bolsa. Esto significa que tienen accionistas a los que nadie, dentro de la empresa, debe necesariamente conocer en forma personal. Son sólo personas que han comprado acciones y que esperan beneficiarse con el aumento de la cotización o con el reparto de dividendos (cosa que, en la Argentina, rara vez ocurre).

En cambio, las sociedades cerradas no están sujetas a ciertas obligaciones informativas y de control que afectan a las de cotización bursátil, aun cuando unas y otras sean, igualmente, sociedades anónimas.

Entonces, se producen absurdos como el siguiente: toda empresa que cotiza en Bolsa debe presentar periódicamente sus estados contables a la Comisión de Valores; esa información, debidamente auditada, se publica de inmediato en diarios de circulación masiva, como *Ámbito Financiero*, *El Cronista*, etcétera. Por el contrario, la misma información, referida a empresas que no cotizan en Bolsa, queda reservada a los accionistas.

Y este tema, el de la información, nos lleva a un punto aparte, capaz de motivar múltiples reflexiones que vienen perfectamente a cuento del tema Matrimonio y Patrimonio.

## La información patrimonial y los controles societarios

Para que pueda funcionar la *Bolsa de Comercio,* debe haber un sistema de controles muy complejo, que involucra la función del síndico, del propio presidente de la empresa y de la *Comisión Nacional de Valores.* Agréguese, además, algo no menos importante: la publicación periódica de los estados contables.

El solo hecho de publicar las ganancias y pérdidas que ha tenido una empresa en un período determinado restringe mucho la posibilidad de perpetrar conductas fraudulentas. Cuando en una sociedad anónima se realiza algún delito económico o una maniobra comercial seria en perjuicio de algunos, se suele tratar de cantidades de dinero muy grandes. Pero, de todas maneras, es seguro que los sistemas de control desalientan esta clase de movimientos, que serían aún más graves y dolosos si no existiese supervisión alguna.

Lamentablemente, estos mecanismos de control sólo benefician a las sociedades abiertas.

Pero muy distinto es el panorama para las que no cotizan en Bolsa. A decir verdad, las que tienen un bajo capital social no requieren, siquiera, la presencia de un síndico. Es decir que el único control queda en manos del propio directorio.

Aunque los controles están destinados, también, a proteger al accionista, podríamos decir que, en muchos casos, el accionista es, en realidad, el presidente o un miembro importante del directorio. En otras palabras, en muchas sociedades anónimas, un solo "accionista" es el dueño.

Si se me ha seguido en el razonamiento, cabe concluir que, en la Argentina, todo está dispuesto para que la persona que desee administrar una empresa a su antojo lo haga disfrazando su condición de dueño detrás del perfil más sofisticado del "accionista".

## Empresarios y esposas

*¿En qué se parecen y diferencian entre sí Mirta de Pérez y Vanina de Pérez?*

*Las dos están casadas con Pérez (¡por supuesto, no el mismo!). Los esposos de ambas son los principales accionistas de sendas sociedades anónimas.*

*La señora de Pérez, Mirta, puede sentarse a leer el diario por la mañana, y allí enterarse de la situación de las empresas de su marido... que cotizan en Bolsa.*

*En cambio, Vanina y tantas otras señoras de Pérez no tienen acceso a la información que les permitiría saber cómo evoluciona la sociedad anónima de sus amados esposos, que tal vez tengan una agencia de personal temporario, un negocio de diseño gráfico o una parada de diarios y revistas.*

Así que algunas esposas pueden vivir mucho más tranquilas que otras. Y no es por una cuestión de honor o de volumen de dinero: es que el sistema da más tranquilidad a unos que a otros...

"Si usted no es accionista, señora, no tiene derecho a ver los libros", podrá decirle a Vanina el síndico de la empresa, luego de leer textualmente la Ley de Sociedades. Y para él no tiene relevancia alguna que Vanina sea la esposa del titular del 99% de las acciones, y que todo el patrimonio de la familia se encuentre bajo la forma de esa sociedad anónima.

En caso de que exista conflicto entre los cónyuges, esta forma de aplicar la ley podrá entrar en pugna con la finalidad del régimen matrimonial. Por eso, en muchos casos, los tribunales civiles, en el marco de un juicio de divorcio, ordenan que se permita al cónyuge conocer la información de la sociedad. Éste podrá aprovecharla, claro está, siempre y cuando no esté llegando demasiado tarde...

¿Pero en qué se basan los tribunales, a la hora de interpretar las normas abstractas, en caso de litigios?

## Cuestión de jurisprudencia

Una de las principales fuentes de saber de los jueces es la jurisprudencia. Es decir, la colección de fallos judiciales, anteriores al caso en análisis, y que constituyen un precedente para resolver cuestiones posteriores.

En sentido general, la jurisprudencia constituye una guía, un camino trazado que los jueces van a volver a recorrer, salvo que tengan ante sí cuestiones marcadamente distintas, o que algún cambio en la legislación o en el rumbo social los lleve a decidir de otra manera.

Podemos decir, entonces, que la jurisprudencia es una verdadera fuente de conocimientos, y que da ciertas pautas a los abogados para diagnosticar los casos que se les presentan, y a los jueces para resolverlos.

En estas épocas en particular, cuando en muchos lugares del país los Tribunales se ven superados por un cúmulo de causas, la existencia de jurisprudencia poco clara o contradictoria puede dar lugar a litigios mucho más engorrosos, porque cada parte se va a considerar con derecho a litigar. Y esto no ocurriría si, coincidentemente, todos los tribunales enfocaran una determinada cuestión de idéntica manera.

En efecto, estamos ante un panorama de "incertidumbre" que, muchas veces, se traduce en una dilación en el tratamiento de los pleitos, porque cada parte quiere asegurar su posición de la mejor manera posible. Pero, a la vez, las personas que recurren a la Justicia buscando que las palabras se hagan acto caen en una confusión mayor.

¿Qué dice la jurisprudencia frente a casos que involucran el retaceo de información societaria a alguno de los cónyuges?

Cuando se puede invocar de manera verosímil que existe peligro para el cónyuge que no está en la empresa, frente a un divorcio inminente, los jueces suelen admitir el derecho a examinar los libros de la sociedad.

Pero basta concluir que, en general, cuando se interpreta en forma muy restrictiva el derecho a la información del cónyuge o de un heredero, o cuando se utiliza en forma abusiva a la sociedad, como pantalla de maniobras tendientes a perjudicar a personas próximas en los afectos, se pueden generar litigios de larga duración, en los que se pone en juego, con resultado incierto, gran parte del patrimonio familiar.

# CAPÍTULO XV

# El patrimonio personal a nombre de sociedades

## ¿Crear una sociedad para proteger el patrimonio familiar?

Las formas societarias existen para que las empresas productivas se desarrollen en forma diferenciada de los patrimonios personales de los socios.

Sin embargo, en muchos casos, bajo la forma de una sociedad se busca obtener otros fines, entre los cuales podemos destacar los siguientes:

• Proteger el patrimonio familiar de los acreedores personales.
• Evitar un juicio sucesorio y facilitar así el traspaso de los bienes a los herederos.
• Eludir el pago de impuestos.
• Dificultar el acceso de uno de los cónyuges al patrimonio, en caso de separación o fallecimiento del cónyuge en cuyo beneficio funciona la sociedad.
• Beneficiar a alguna persona o grupo de personas en una sucesión.
• Perjudicar a alguna persona o grupo de personas en una sucesión.
• Mantener el anonimato respecto de quién es el verdadero titular de determinados bienes.

Vamos a analizar, en forma particular, algunos casos de los enunciados:

- **PROTEGER EL PATRIMONIO FAMILIAR DE LOS ACREEDORES PERSONALES**

*El doctor S. es un reconocido cirujano plástico.*

*Si bien es muy concienzudo en su práctica profesional, sabe, por experiencia de muchos colegas, que siempre estará expuesto a que algún paciente disconforme pretenda demandarlo por mala praxis profesional.*

*Incluso le han contado casos dramáticos, de profesionales que perdieron su patrimonio acumulado a lo largo de años de exitosa labor, en manos de supuestos damnificados que, en realidad, habían "fabricado"* ex profeso *los daños por los que reclamaron.*

*El doctor S. está dispuesto a aquilatar toda esa experiencia de otros. De ninguna manera pretende evadir sus responsabilidades, en caso de que, en alguna oportunidad, dañara por culpa o negligencia a algún paciente: piensa seguir ejerciendo la Medicina con la misma ética elevada con que lo hizo hasta ahora, pero no está dispuesto a ser víctima inocente de maniobras fraudulentas, de algún inescrupuloso que quiera extorsionarlo con la amenaza de un juicio.*

*Por lo tanto, resuelve que el nuevo consultorio que ha de establecer no figure, como ocurría con el anterior, a su propio nombre. En cambio, constituye una sociedad anónima de la que, en realidad, es único titular para que aparezca como propietaria del inmueble.*

*A su vez, constituye otra sociedad con su cuñada, a quien le tiene absoluta confianza, y traspasa a nombre de ella su vivienda.*

La "puesta a nombre" de una cantidad de bienes en una sociedad, como forma de evitar que éstos deban responder por las deudas personales, es un mecanismo que, según los casos, arroja resultados positivos.

Desde ya, no se debe generar en los otros la falsa certeza

de que los bienes son propios, ya que, de esta manera, podría terminar aplicándose la "teoría de la apariencia". A través de ella, un juez puede ordenar que la deuda se pague, indistintamente de quién figure como titular, ante la evidencia de que, maliciosamente, se está ostentando solidez patrimonial para obtener crédito y prestigio, mientras que, en la realidad, los bienes están ocultos a nombre de una sociedad.

- **EVITAR UN JUICIO SUCESORIO Y FACILITAR ASÍ EL TRASPASO DE LOS BIENES A LOS HEREDEROS**

*—¿Y qué voy a hacer yo, con una casa, una casa de fin de semana, dos autos, tres locales, varias cocheras, dentro de diez años?*
*"Ya estoy en un buen momento para conservar todo lo mío, pero evitar que, cuando me muera, mi esposa y mis hijos tengan que hacer la sucesión, con lo que cuesta. Por eso vine a verlo, porque me dijeron que lo mejor que puedo hacer es poner todo a nombre de una sociedad uruguaya, así, cuando yo no esté, mi familia se podrá repartir todo sin gastar plata inútilmente.*

"Evitar la sucesión" es un deseo que expresan muchas personas, en particular cuando atraviesan ese momento tan particular de la vida que consiste en retirarse de la primera línea de fuego en los negocios, o jubilarse o, lo que es también muy habitual, cuando muere el compañero o la compañera de toda la vida.

Sin embargo, nosotros tenemos una observación, confirmada a lo largo de años de ejercicio profesional, que deseamos someter a consideración de los que abrigan esta clase de deseos:

En realidad, la sucesión siempre es inevitable.

Inevitable, como la muerte: hay un momento en que los seres queridos van a tener que acompañar al difunto hasta un cementerio, disponer de su ropa y mirar con dolor y tristeza sus fotografías.

En todo caso, lo evitable es el juicio sucesorio.

En tal sentido, muchas veces se pone el énfasis en medidas que no lo merecen, quizás "importando" conceptos y necesidades de culturas y sistemas diferentes del nuestro. Por ejemplo, en los Estados Unidos, las sucesiones son extremadamente caras, en particular por los elevados impuestos a la herencia, que en determinadas situaciones superan el 55% del patrimonio, por toda cantidad superior a los US$ 600.000.

No es ésta la realidad argentina, ya que en nuestro país no está vigente el impuesto sucesorio, y, como consecuencia de la desregulación de los honorarios profesionales, una sucesión no suele ser más cara que lo que cuesta, muchos años antes de la muerte, invertir en la constitución de sociedades o en donaciones, o en todos los otros instrumentos que se utilizan para tratar de evitar el proceso sucesorio.

- DIFICULTAR EL ACCESO DE UNO DE LOS CÓNYUGES AL PATRIMONIO, EN CASO DE SEPARACIÓN O DE FALLECIMIENTO DEL TITULAR DE LA SOCIEDAD

*— En nuestra familia somos todos solteros —se ufanaba un hombre que, así como otros creen haber descubierto la Fuente de Juvencia, creía haber encontrado la llave mágica que evitaba los divorcios.*

*"Pero no nos conformamos con eso. Además, ninguno de los hombres de la familia tiene nada a su nombre. Todo a nombre de sociedades, que manejamos entre nosotros.*

*"Eso sí, a nuestras convivientes, y a nuestros hijos, nunca les falta nada.*

Es probable que, en lo material, a las convivientes de estos señores no les falte nada.

Pero también es probable que sí les falte alguna sensación de tranquilidad y de reconocimiento por su larga convivencia.

Luego veremos que quienes están muy tranquilos por

tener sus bienes a nombre de una sociedad anónima pueden, en realidad, estar fumando sobre un barril de pólvora.

- **BENEFICIAR A ALGUNA PERSONA O GRUPO DE PERSONAS EN UNA SUCESIÓN**

*—Puse todos mis bienes a nombre de una sociedad anónima. Yo quiero que, si Blanca vive más años que yo, no tenga que repartir nada con los chicos. Y el día que Blanca no esté, quiero que mi hijo Sammy, que siempre trabajó con nosotros, se quede con la empresa.*

Este tipo de planteos, perfectamente aceptables en el sistema legal norteamericano, donde hay un amplio espacio para las decisiones del titular de la empresa, puede ser fuente de graves conflictos en el marco del sistema legal argentino.

- **PERJUDICAR A ALGUNA PERSONA O GRUPO DE PERSONAS EN UNA SUCESIÓN**

*—Ya sé que tengo otros herederos, pero si no los tuviera, me sentiría mejor —dice, a su vez, Blanca, despechada por la mala relación que mantiene con su yerno desde que falleció su hija.*

*Hace meses que está penando para ver a sus nietos, pero, claro, como ella está muy llorosa porque todavía no pudo superar la muerte de la nena, su yerno dice que ella trae "mala onda", y que los angustia a los chicos. Por eso, para esta abuela, ver a sus nietos es casi un milagro.*

*Blanca se propone vengarse de su yerno.*

*Ya tendrá la oportunidad, cuando los chicos crezcan, de llevarlos de viaje con ella, de comprarles regalos, de mimarlos.*

*Pero, por ahora, Blanca tiene un solo pensamiento: si muriera mañana, desearía que su yerno no pudiera tener acceso a su herencia.*

## Cuando la sociedad anónima pone en riesgo derechos de un heredero o del cónyuge

El sistema societario permite que, muchas veces, se burlen derechos de los herederos. Esto justifica la frase del eminente jurista Eduardo Busso: "A corto o largo plazo, la minoría es un heredero desplazado". Es lo que ilustra el caso de Pedro, su mujer Romina y su hijo Matías.

*Pedro tiene un hijo de su primer matrimonio, al que ama profundamente. Se ha vuelto a casar con Romina, con la cual tuvo tres hijos más. Pese a todos sus esfuerzos, la relación entre Matías y Romina va de mal en peor. El joven nunca ha congeniado con ella ni con sus padres, y constantemente hay roces con los hermanos más pequeños.*

*Pedro está preocupado no sólo por las relaciones humanas. Ha invertido casi todo su patrimonio en la sociedad anónima cuya mayoría de acciones posee. Y sabe que, si algo le llegara a pasar, su hijo mayor tendría verdaderas dificultades para hacer valer sus derechos, ya que, funcionando en bloque, todos los demás herederos lo dejarían fácilmente en minoría... Y la ley no es tan eficiente para proteger a las minorías en sociedades, como lo es protegiendo a cada uno de los herederos en una sucesión.*

*Su hermano, abogado, lo deriva a un colega especializado en Planificación Sucesoria. Y Pedro obtiene respuestas que comienzan a tranquilizarlo.*

En efecto, Pedro debe iniciar un trabajo de planificación sucesoria, para resguardar los derechos del hijo mayor. Su percepción de la realidad es acertada. Un profesional puede analizar junto con él sus intereses y deseos, las necesidades de su familia, y ofrecerle instrumentos que le brinden tranquilidad y equidad.

En este caso, puede proteger a Matías a través de su patrimonio personal no incluido en la sociedad, y mediante un seguro de vida que lo beneficie en forma separada del resto del grupo familiar.

## Cuando la sociedad anónima es una cortina... traslúcida

*Miguel era presidente de una sociedad anónima. En un momento clave de su desarrollo, un oficial de cuentas le ofreció a la empresa un crédito financieramente ventajoso, en el Banco donde ésta operaba desde hacía años. Para otorgárselo, le requirieron algunos avales generales: la esposa con su propio patrimonio, el suegro, él mismo en forma personal.*

*Hasta aquí, todo marchó bien. El crédito fue otorgado en tiempo y forma. Nadie sospechó ni previó nada raro.*

*Pero al poco tiempo, algunos negocios comenzaron a andar mal. No hubo forma de recuperarse, y el Directorio decidió presentarse en concurso preventivo. Fue inútil, ya que, los acreedores comerciales dieron plazos razonables para el pago de las obligaciones, pero el Banco reclamó en forma inmediata, a los garantes, el total de sus créditos (incluidas aquí las cuentas corrientes, tarjetas de crédito, etcétera).*

Este caso (bastante común) demuestra que la forma de la sociedad anónima no sirve para proteger el patrimonio personal o familiar, cuando los avales neutralizan el régimen de separación patrimonial y de limitación en las responsabilidades, que supone la sociedad anónima.

## Un remedio posible: la inoponibilidad

Muchas veces se utilizan las sociedades anónimas como mecanismo para ocultar el patrimonio o para dejar en inferioridad de condiciones al cónyuge o a un heredero, más allá de lo que permite la ley.

Sin embargo, no podemos dejar de aclarar que las maniobras que se pueden realizar con sociedades en la Argentina tienen un límite, que está estipulado por la propia Ley de Sociedades, en su artículo 54.

En Derecho existe una figura llamada "inoponibilidad",

bastante críptica para el lego, pero en realidad muy sencilla: cuando algo es "inoponible" significa que, frente a cierta persona o situación, no puede hacerse valer; es como si ese acto no hubiera existido.

Pues bien, el artículo 54 de la Ley de Sociedades establece que si se utiliza la figura de la sociedad con el fin de burlar derechos de un socio o de terceros (por ejemplo, acreedores, o cónyuge o herederos, que están amparados por el *orden público*) esos actos van a ser "inoponibles" frente a los damnificados. Es decir que la ley castiga todo uso exorbitante de la sociedad, toda pretensión de que sirva para fines extrasocietarios.

## El vínculo personal como fundamento de una sociedad

A su vez, cuando la constitución de una sociedad anónima se fundamenta en un fuerte vínculo personal, la posibilidad de fallecimiento o incapacidad de uno de los socios puede poner en riesgo la supervivencia de la empresa.

*Marcela y Rita se conocieron en la escuela primaria. Durante los estudios secundarios, se siguieron viendo en el barrio y en el club. Ambas se pusieron de novias mientras estudiaban juntas Administración y se casaron con un año de diferencia.*

*Al poco tiempo, decidieron formar una sociedad anónima y poner juntas una moderna librería. Tenían afinidad en la forma de encarar los negocios, se conocían bien, compartían una misma visión empresaria. En definitiva, les fue realmente bien.*

*¿Cuál era la sombra que empañaba su relación? Cada una de ellas se llevaba mal con el marido de la otra. Jorge estaba celoso del vínculo que unía a su esposa con Rita y aprovechaba cada oportunidad para desacreditar a esta úl-*

*tima. Marcela, consciente de los motivos de Jorge, hacía un esfuerzo para conciliar las cosas y ponerle límites a su marido, sin exacerbar su enojo. A su vez, Marcela estaba preocupada porque consideraba que Roberto, el esposo de Rita, era un tipo muy cómodo y astuto, que se aprovechaba del amor de su mujer. Sospechaba que la engañaba, pero no se atrevía a hablar del tema con Rita. Así que reprimía su opinión, pero cada vez que estaban juntos, el rechazo era inocultable.*

*De lo que sí se permitían hablar era del futuro de su negocio. Ambas sabían la poca afinidad recíproca que había entre socias y esposos. Así como se llevaban de maravillas las dos solas, trabajando juntas, la empresa sería un fracaso si intervinieran los maridos. ¿Y si le pasara algo a alguna de ellas?*

*Un corredor de seguros les ofreció la solución: un seguro de vida cruzado, y un contrato de compraventa empresaria (buy and sell agreement). De esa forma, si alguna de las dos fallecía, la otra cobraría un seguro que le permitiría pagar a la familia de la socia fallecida su parte en la empresa, sin necesidad de coexistir con un "socio" no deseado.*

## El acuerdo de continuidad empresaria

En los últimos años, especialmente en países que tienen un sistema legal muy flexible en relación con los derechos hereditarios de cónyuges e hijos, se ha vuelto frecuente la existencia de ciertos productos financieros y de seguros tendientes a satisfacer variadas necesidades de las personas y las empresas.

Entre dichos instrumentos, se encuentra el llamado "contrato de continuidad empresaria" o "acuerdo de compraventa empresaria", que se conoce, en inglés, como *buy and sell agreement*.

Sintéticamente, consiste en un acuerdo celebrado entre los socios de una empresa, a través del cual evitan que, a la muerte de alguno de ellos, sus herederos deban ingresar en la sociedad, con las consiguientes dificultades de adaptación y conflictos que ello podría generar.

Como acuerdo, debe cumplir todas las formalidades que corresponden, según el tipo de sociedad de que se trate: en algunos casos puede estar incorporado a los estatutos (sociedad anónima) o al contrato social (sociedad de responsabilidad limitada) o puede ser un convenio anexo entre los socios.

Lo que se establece es que, ante la muerte de uno de los socios, los socios sobrevivientes se obligan a adquirir a los herederos del fallecido su participación en la empresa, por un monto determinado o fácilmente determinable. Y, para que ese compromiso no sea una mera declamación, sino que sea absolutamente cumplible, se complementa mediante la contratación de un seguro de vida, por el valor previamente previsto, que cubre el riesgo de fallecimiento de cualquiera de los socios.

En la mayor parte de los países, este seguro resulta más económico que la suma de los seguros de vida que contratara cada socio por separado, ya que no brinda cobertura sobre la vida de todos los socios, sino que paga las sumas previstas respecto del primero (o los primeros socios, si son más de dos) en fallecer. Obviamente, el socio que sobrevive a los restantes no queda cubierto por este seguro, ya que el beneficio que él recibe es la titularidad exclusiva de la empresa, una vez que todos sus socios han fallecido.

En la Argentina, sólo se comenzó a divulgar esta clase de instrumentos en años recientes. Por ende, como es lógico frente a la novedad, provoca algunas dudas. Las más comunes son:

- ¿Qué ocurre si el valor convenido en el acuerdo no es aceptado por los herederos?
- ¿Es válido el acuerdo si alguno de los herederos es menor de edad, o padece una discapacidad mental?
- ¿Puede negarse un heredero a desligarse de la sociedad?

Digamos que, en el sistema legal argentino, ningún pacto puede afectar el derecho a la legítima hereditaria por parte de los herederos.

Así pues, el acuerdo podría ser materia de revisión, en caso de que algún heredero alegara un perjuicio respecto de la porción indisponible del patrimonio de la persona fallecida.

El cuidado será mucho mayor si alguno de los herederos es menor o incapaz, ya que, entonces, debe intervenir el Asesor de Menores, que es el funcionario judicial encargado de velar por sus derechos.

Si el convenio está correctamente redactado y formalmente inscrito en los casos en que corresponda, de acuerdo con el tipo societario, ningún heredero podrá desconocerlo: en todo caso, podrá cuestionar los valores en juego, tratando de demostrar cuál es el perjuicio material que sufre. Si tiene éxito en su planteo, el socio que permanece en la empresa deberá ofrecer una mejora para los herederos del socio fallecido, pero éstos no podrán pretender su ingreso en la empresa, porque la cuestión había sido libremente acordada entre los socios, a través de un convenio perfectamente válido.

Es de hacer notar que, en algunos casos, el *buy and sell agreement* ha sido cuestionado porque, según dicen sus detractores, afectaría la legítima hereditaria, ya que cada heredero tiene derecho a acceder a los mismos bienes que tenía el causante. Mas esta postura no es correcta, ya que, según establece un inveterado principio legal, nadie puede transmitir mejores derechos que los que tiene. Cada socio que ha firmado un *buy and sell agreement* ha aceptado, libremente, que su permanencia en la empresa quede sujeta a una condición: que lo sobreviva al socio. Si esa condición no se cumple, en el mismo instante en que muere, y simultáneamente con el nacimiento de los derechos de los herederos, el que fallece pierde su condición de socio.

Igualmente, y sin que sea necesario internarnos en tecnicismos legales, podemos afirmar, sin lugar a dudas, que el *buy and sell agreement* es un interesante instrumento para la planificación de la continuidad empresaria, en la medida en que satisface objetivos de previsión y de prevención de conflictos.

# CAPÍTULO XVI

# El otro patrimonio: los hijos

Cuando nos animamos a titular así este capítulo y a caracterizar a los hijos como "patrimonio", lo hicimos con un doble enfoque: porque, por un lado, si el patrimonio es lo más trascendente de cada uno, los hijos responden a esa definición; y por otro lado, quienes confundidos por una grave disputa de pareja convierten a sus hijos en botín de guerra, aun equivocadamente, les están asignando un valor patrimonial.

En cualquiera de los dos supuestos, es imprescindible notar que los hijos son "otro" patrimonio. Un patrimonio que, para crecer a buen resguardo, necesita amor y seguridad.

## Con quién vivirán los hijos, en caso de separación

Se separan los padres y, entonces, hay que resolver con quién vivirán los hijos menores.

La ley dispone que los hijos menores de cinco años vivirán con la madre, salvo graves causas que lo impidan, y que los mayores de esa edad lo harán con aquel de los progenitores que pueda ofrecer las mejores condiciones, teniendo en cuenta especialmente los intereses de los hijos.

En la mayor parte de los casos, los hijos pequeños conviven con la madre pero, en la experiencia de un abogado, no se puede dejar de mencionar la infinita cantidad de casos en las que el padre pone en juego la cuestión de la tenencia para forzar acuerdos en otros campos.

## El huevo y la gallina frente al juez

*Durante meses, la jueza interviniente en el divorcio de Karina y Rodrigo nos citaba, regularmente, a fin de intentar un acuerdo en cuestiones que, todos sabíamos, reflejaban los graves conflictos matrimoniales de la pareja.*

*Había que definir asuntos realmente imperiosos, porque el interés de los hijos menores no se podía postergar: ¿quién quedaría con la tenencia de los niños?, ¿cuándo verían al otro progenitor y con qué frecuencia?, ¿en qué suma se establecería la cuota alimentaria?...*

*Con cierta lógica, la idea era que debían ponerse primero de acuerdo en estas cuestiones "familiares", para luego discutir la liquidación del patrimonio en común, pues, de otro modo, los intereses económicos en juego se amplificarían hasta hacer imposible cualquier solución concertada. De acuerdo con este enfoque, frente a la tranquilidad de ver a los hijos encaminados, y en trance de componer horarios y funciones de cada uno de los padres, ambos colaborarían para evitar una batalla campal en relación con el patrimonio.*

*Cuando la vía del diálogo pareció estancarse, la Jueza comenzó a formular sugerencias muy bien intencionadas, tendientes a que la pareja fuese ayudada por profesionales (mediadores, psicólogos, etcétera), para que la revisión de los conflictos despejara el camino hacia las soluciones.*

*Sin embargo, los abogados de ambas partes guardamos ciertas reservas, quizá por conocer la situación en mayor profundidad o, al menos, desde hacía más tiempo.*

En efecto, a los pocos meses, la negociación cayó en un punto muerto que parecía imposible de destrabar.

Entonces, los abogados hicimos una propuesta audaz: que se hicieran a un lado, momentáneamente, las cuestiones que estaban en debate, y procedieran, primero, a establecer acuerdos sobre la liquidación patrimonial.

Fue así como, sorpresivamente, los dos contendientes se encontraron arrojados a la batalla de fondo. En pocos días, se sabría cuál iba a ser el destino definitivo de la fábrica, que, según Rodrigo, tenía origen en una donación de acciones por parte de su padre.

También se definiría el destino del departamento, excesivamente majestuoso para cualquiera de ambos que quisiese vivir allí con los hijos.

Tanto Karina como Rodrigo se sometieron a una puja abierta, dramática, para quedar en la mejor posición posible: se trataba, para ambos, de un importante "negocio". Es que el deterioro afectivo y vincular de la pareja era tan grave, que no podían concebir la situación de ninguna otra manera.

En esa idea de "negocio" coincidían Karina y Rodrigo, y era así como todo intento de "humanizar" la cuestión por parte de los profesionales, era rechazado de cuajo por ambos contendientes.

Hasta tal punto se trató de un negocio, que se les puso valor a todos los adornos (incluida la estatuilla que, en una noche de furia, Karina había depositado sobre la cabeza de Rodrigo). Por fin, con todo pautado, numerado y valuado, fue posible la división de la sociedad conyugal.

Para sorpresa de la Jueza, de los mediadores y psicólogos, y, quizás, hasta de Karina y Rodrigo, una vez que cerraron los números y establecieron acuerdos sobre la sociedad conyugal, en una sola audiencia arreglaron todos los demás puntos conflictivos "no patrimoniales".

Pero, de ninguna manera, pudieron restablecer una fluida relación personal u otorgarse algún grado de estima recíproca.

Cabe preguntarnos: ¿habrían recuperado el respeto mutuo si hubieran empeñado toda su energía en más "batallas de precalentamiento", donde el verdadero objeto de las reyertas quedaba oculto detrás de sus aparentes diferencias no patrimoniales, que no despertaban en ninguno de los dos un verdadero interés?

Claro que, en estas "diferencias no patrimoniales" estaban nada menos que sus hijos. Sólo que, en el fragor de la contienda, ellos no podían darse cuenta y no estaban dispuestos a escuchar a nadie que se lo dijera.

Por lo tanto, cuanto antes terminase el litigio, antes estarían en condiciones de iniciar el otro largo proceso y darse cuenta de que, en realidad, le estaban dando el carácter de "negocio" a lo que era un mero reparto de migajas, después del fracaso.

Sin excusas, Karina y Rodrigo estuvieron, finalmente, en condiciones de enfrentar el duelo por la relación perdida, por la separación, y por el nuevo lugar de cada uno en relación con sus hijos.

Después de haberse hecho tanto daño mutuamente, el camino que emergía era, igual, muy largo y penoso, pero al menos podían sobrellevarlo con un grado de franqueza: cada cuestión que revisaron, de allí en adelante, los encontró más honestos consigo mismos; al menos, no sentían que cada cosa dicha o callada podía beneficiarlos o perjudicarlos en su caprichosa estrategia con respecto a intereses ocultos.

Terminaron de liquidar la sociedad conyugal y, entonces sí, quedó la ruta despejada para tratar de proteger a sus hijos de alguna manera, reparar el daño generado en ellos e intentar recomponer su propia vida, esta vez, eludiendo la trampa de los mismos errores.

## La deuda de alimentos, ¿financiera o patrimonial?

¿Son los alimentos una cuestión patrimonial?
Si volvemos al concepto de "patrimonio" expuesto en el

capítulo II, podemos decir que sólo relativamente: es más fácil caracterizar la obligación alimentaria como una cuestión "financiera", si le asignamos al concepto financiero un carácter más coyuntural, menos ligado a los grandes intereses, como ocurre con el patrimonio.

Cuando los padres, que viven juntos, se ocupan de alimentar a sus hijos, o cuando uno de los padres separados paga en forma regular una cuota alimentaria en favor de sus hijos, se trata, sin lugar a dudas, de una cuestión financiera: en la "cuenta de gastos", el alimentante anotará los pagos de teléfono, luz, gas, expensas, y también la cuota que corresponde abonar en concepto de alimentos.

A su vez, aquel de los padres que, por ejercer la tenencia de los hijos, recibe del otro progenitor el dinero que deberá administrar, también considerará ese ingreso como un rubro "financiero".

¿Y cuando la cuota de alimentos no se paga? ¿Cuando un padre que no ejerce la tenencia de su hijo renuncia al derecho de hacerse cargo de su manutención o, dicho de otra forma, se sustrae a su obligación de abonar alimentos?

Frente a estas preguntas, podríamos decir que la deuda que queda es "patrimonial". Esta deuda trasciende de una forma tan diferente a la mayor parte de las deudas, que me permito afirmar que los alimentos para los hijos se pagan desde el bolsillo, pero se dejan de pagar desde el corazón.

## El padre que no podía cambiar

*Ella era cantante de música folclórica; no estaba en una buena posición económica. Él, por su parte, seguía trabajando como empleado administrativo de una pequeña empresa metalúrgica, mientras soñaba con establecer su propio negocio de materiales eléctricos.*

*La cuota alimentaria que él pasaba para su único hijo era realmente insuficiente, pero no había sido posible persuadirlo de que debía aumentarla.*

*Por eso, Lucía inició un juicio de aumento de cuota alimentaria.*

*Por supuesto, Carlos argumentó todo lo que Lucía se imaginaba, hasta que se encontraron en una audiencia convocada por el juzgado.*

*Durante veinte minutos, el ex esposo expuso todas sus dificultades económicas, hasta que Lucía manifestó:*

*—Todo lo que dice Carlos me demuestra que sigue siendo el mismo de quien me separé. Sigue teniendo los mismos graves problemas para procurar el sustento de su familia y para labrar su propio futuro. Por lo tanto, si no conseguí que Carlos cambiara mientras estábamos juntos, dudo que pueda conseguirlo ahora. Carlos es el padre que tiene mi hijo, y no lo puedo cambiar. Por eso, sólo pido que se reconozca por escrito la cuota alimentaria que sería justo que yo recibiera para mi hijo. Por mi parte, me comprometo a no exigir más allá de lo que Carlos diga que puede pagar.*

Esta historia es absolutamente real, aunque no es habitual que alguien, como Lucía, tenga la lucidez para diferenciar entre lo que "correspondería" y lo que el otro puede, por más que "eso que el otro puede" no fuera satisfactorio.

En definitiva, la separación, como tal, no es una decisión satisfactoria, en relación con todos los proyectos que dos personas tienen en común cuando se unen o cuando tienen a sus hijos.

En algunos casos, dejar de exigir al otro lo que sabemos que el otro no puede es una manera de permitir que afloren nuevas oportunidades: en muchos casos, quien deja de sentirse sobreexigido está en condiciones de encarar sus aportes de una manera más efectiva y responsable.

## El padre que no quería pagar

*Rubén está viviendo en pareja con Marta desde hace dos años. Sus dos hijas del primer matrimonio nunca han ido a visitarlo a su casa actual. Él las ve en algunos actos escolares, en los cumpleaños de ellas, para el Día del Padre, y domingo por medio, si no llueve (porque cuando llueve no sabe qué hacer con sus hijas).*

*La cuota alimentaria fue pactada cuando él y su ex esposa hicieron el divorcio vincular, pero él la paga cuando quiere: cuando Rubén y la mamá de las nenas se separaron, vendieron la casa que tenían en común, y Rubén no volvió a poner nada a su nombre.*

*Y ya le dijo a la madre de sus hijas: "Si me llegás a iniciar una acción penal, a mí las chicas no me vuelven a ver el pelo...".*

En muchos casos, la falta de pago o el pago retaceado de una cuota alimentaria son consecuencia de antiguas peleas con el otro progenitor, donde mucho tiene que ver la dificultad de separar esas cuentas personales de la cuenta de alimentos.

Lamentablemente, casos como el narrado bordean el concepto de "impunidad" y generan, en quien los padece, una grave angustia, ya que las decisiones a las que se enfrenta son muy graves y, como siempre, pesan sobre los hijos:

- ¿Qué conducta debería adoptar la ex esposa de Rubén?
- ¿Le garantizaría una acción penal el cobro de las cuotas alimentarias?
- ¿Tendría ella alguna responsabilidad, en caso de que Rubén dejara de ver a sus hijas?
- ¿Corresponde que acepte el apercibimiento de Rubén y que, por lo tanto, no reclame lo que corresponde, para que las hijas no dejen de ver a su padre?
- ¿En algún momento debería contar a sus hijas la verdad de lo que está ocurriendo?

## Papá y mamá, como dos gotas de agua

A veces, el padre que debe pagar una cuota alimentaria se torna súbitamente "igualitario" y exige de su ex esposa una participación calcada a la suya, a la hora de afrontar los gastos de los hijos.

Suele ocurrir que, detrás de ese planteo de aparente "justicia", se esconda una postura cínica, ya que el "igualitarista" sabe que su ex cónyuge no tiene la preparación necesaria ni las oportunidades para obtener ingresos equivalentes a los de él.

Más aún: quien escarba en la historia puede detectar, muchas veces, que el principal responsable de esas diferencias es el propio ex marido, quien, durante años, se opuso a que su mujer accediera al mundo laboral.

Lamentablemente, esta postura suele traducirse en una descalificación de los aportes (no siempre medibles en dinero) que efectivamente realiza la madre de los niños.

## El "pago en especie"

A veces, por desconfianza en la capacidad de administración de la ex cónyuge; en otros casos, como una manera de estar más presente en la vida de los hijos; otras veces, con la idea de que se va a lograr algún ahorro en el monto final, lo cierto es que muchos hombres insisten en arrogarse el derecho de abonar la cuota alimentaria "en especie".

Salvo que exista un acuerdo expreso en tal sentido, o excepcionales fundamentos para aceptarlo, el pago "en especie" no suele ser convalidado por los Tribunales, que asignan a la persona que ejerce la tenencia de sus hijos la facultad de administrar la cuota alimentaria.

Una excepción a este principio es la provisión de una vivienda para los hijos, o de un servicio médico prepago o la cuota de un club. Estas excepciones se fundan, en general, en que se trate de gastos sobre cuya necesidad exista acuerdo unánime entre los padres de los chicos, y cuyo pago se pueda acreditar con mucha facilidad. Asimismo, se toma en cuenta que ese pago "en especie" no implique una invasión a la privacidad de quien ejerce la tenencia.

## Los alimentos vistos en perspectiva

Las estadísticas marcan un alarmante nivel de incumplimiento respecto de la obligación alimentaria. Sin duda, ayudarían a revertir la situación ciertas sanciones "sociales" a los incumplidores, tales como la interdicción para el uso de tarjetas de crédito o para la obtención del registro de conductor de automóviles, así como un sistema legal más expeditivo.

Sin embargo, destaco que, en este campo, las estadísticas sólo aluden a los juicios de ejecución de alimentos que se sustancian en los Tribunales, y no contemplan, en cambio, la infinidad de casos en que los interesados llegan a acuerdos directos, que se cumplen a lo largo del tiempo.

Merecen especial atención de parte de los profesionales involucrados en la planificación aquellas situaciones en las que, tanto el que debe pagar alimentos como quien los percibe en nombre de sus hijos, basan sus conductas en el principio de la buena fe.

Porque la satisfacción de las necesidades y los deseos no se agota en el cumplimiento de las obligaciones legales, sino que requiere de decisiones adecuadas, que toman en consideración diversos factores capaces de optimizar los pagos.

## Pensando en el largo plazo

*Julián lo adora a Nacho, su pequeño hijo de tres años. También la quiere a Nora, su ex esposa, pero está atravesando una crisis muy grave en su vida, y por eso se ha separado de su mujer.*

*Todavía tiene la esperanza de volver, pero los tiempos no coinciden: Nora le informa que los seis meses de separación, sin perspectivas claras, son demasiado para ella, y que, por lo tanto, desea el divorcio.*

*Julián no tiene nada para ofrecer, y por eso acepta que deben divorciarse.*

*Están llegando a acuerdos razonables en todos los puntos, pero, cuando debaten la cuota alimentaria, Julián cuestiona que Nora compute el gasto de una persona en forma permanente para cuidar a su hijo.*

*— Julián, yo debo buscar trabajo. Si tengo que quedar pendiente de los horarios de Nacho, no me va a ser posible...*

*—Yo no pienso pagar eso. Si vos no podés hacerte cargo de tu hijo, dame la tenencia a mí. Mi madre me va a ayudar a criarlo...*

*—Ni loca. No entiendo por qué pretendés algo que, sabés, no corresponde.*

*—Tampoco corresponde que yo pague un "aya". Hasta qué punto es así, que ya ni siquiera se usa la palabra "aya". Lo tuyo es un capricho que no voy a aceptar...*

*—Bueno, entonces no voy a buscar ningún trabajo, por lo cual vas a tener que mantener a tu hijo vos solo.*

Vistas las cosas desde afuera, parecería que Julián no está enfocando el problema de manera adecuada.

En lugar de discutir el pago de una empleada para cuidar a su hijo, Julián debería asegurarse de colaborar con Nora en todo lo posible, para que ella consiga el mejor trabajo, y luego, aporte a la manutención de Nacho.

No es a través de generarle angustias a Nora como se puede lograr este objetivo.

Este ejemplo es aplicable a muchas situaciones en las que una fuerte inversión al comienzo de la separación puede ayudar a evitar conflictos, y predisponer a la otra parte a celebrar acuerdos respetables en el futuro.

## Los hijos del primer matrimonio frente al riesgo de muerte de su padre

Desde que la ley permitió el divorcio vincular, a lo que se suma la igualación de derechos entre hijos matrimoniales y extramatrimoniales, se produjo una situación legal que entraña un riesgo muy serio para los hijos de un primer matrimonio.

Digamos que, en tanto las personas que se separaban no podían volver a casarse, estructuraban relaciones de concubinato (aunque tuvieran una apariencia legal, a través de un matrimonio en Uruguay, México o Paraguay, que no era válido en la Argentina). De esos concubinatos nacían hijos que, hasta 1995, eran considerados "de segunda", ya que, por ser extramatrimoniales, tenían la mitad de los derechos sucesorios de los que gozaban los hijos matrimoniales. Por otra parte, no solían gozar del favor ni de la atención de los jueces: cuando un hombre trataba de explicar que no podía pagar la cuota alimentaria que se le exigía, y explicaba que era padre de otros hijos, la explicación sonaba tan contundente, para algunos jueces, como justificar la falta de pago en la asistencia regular a casinos e hipódromos.

La situación ha cambiado radicalmente:

• Los hijos matrimoniales y extramatrimoniales tienen iguales derechos sucesorios.

• Al existir el divorcio vincular, suelen establecerse segundos y ulteriores matrimonios, en cuyo seno nacen nuevos hijos.

Estos nuevos hijos tienen iguales derechos, pero mejores posibilidades que los hijos del primer matrimonio. Veamos por qué:

Si viven con su madre y su padre, en caso de fallecimiento de éste podrán continuar viviendo en el inmueble que fuera asiento del hogar conyugal, porque, según el artículo 3573 bis, el cónyuge sobreviviente tiene derecho de habitación vitalicio y gratuito... aun en el caso de que el inmueble fuera un bien propio del cónyuge fallecido.

Al convivir su padre y su madre, es de presumir que esta útima tenga mayor y más rápido acceso a la información respecto de los negocios y las inversiones del padre, que los hijos de un matrimonio anterior.

Por otro lado, es de destacar que el fallecimiento de una persona extingue la obligación alimentaria, que no pasa a ser una carga de los herederos como tales.

Esto significa que los hijos de un matrimonio anterior corren el riesgo de verse privados de la cuota alimentaria; del acceso a las inversiones y a la documentación de su padre, y hasta de todo derecho a disponer de la herencia, en relación con el inmueble ocupado por la cónyuge actual.

Esta realidad me ha permitido afirmar, en algún artículo, que los hijos del primer matrimonio han pasado de príncipes, a simples mendigos.

## Lo que se puede hacer

Conocer los datos de la realidad, tal como es, sirve en muchos casos para evitar consecuencias indeseables.

Descrita la situación que se podría plantear, cabe que quien tiene hijos de distintos matrimonios se pregunte cuáles son los efectos que realmente querría lograr, en caso de su fallecimiento. Y, si advierte que puede dejar situaciones de injusticia o de riesgo económico, lo más lúcido es que tome los recaudos más adecuados, a través de diversos instrumentos, tales como un testamento, un seguro de alimentos cesantes en favor de los hijos del primer matrimonio, la apertura de un archivo de información sobre cuestiones importantes en beneficio de esos hijos, etcétera.

Sin duda, la decisión de evitar perjuicios ha de motorizar las mejores respuestas, en cada caso concreto.

# CAPÍTULO XVII

# Un final posible: separación o divorcio

## La planificación durante el proceso de divorcio

Así como hemos tratado la importancia de planificar antes del matrimonio, vamos a exponer a continuación cómo se puede planificar durante el proceso de divorcio; en otras palabras, si es posible prever o prevenir, frente a la decisión de poner fin al vínculo.

## Una nueva opción: los acuerdos financieros para el divorcio

En una obra no traducida al español, titulada *The Financial Advisor's Guide to Divorce Settlement* (Guía del asesor financiero para los acuerdos de divorcio), la especialista norteamericana Carol Ann Wilson sostiene que todo el mundo se casa con la percepción de que su matrimonio va a durar para siempre. Sin embargo, así como durante un tiempo logran sentir que han vencido las probabilidades de divorcio, en algún momento las cosas empiezan a funcionar mal; en ese punto, muchos toman conciencia de que se está haciendo presente aquello que, creían, no les iba a ocurrir nunca: se encuentran ante la posibilidad cierta de engrosar las estadísticas de divorcios.

En los EE.UU., el 50% de los primeros matrimonios terminan en divorcio, y, lo que es más sorprendente, también ocurre lo mismo con el 60% de los segundos matrimonios.

En el primer año posterior al divorcio, el estándar de vida de la mujer cae alrededor de un 35%, mientras que el del hombre muchas veces aumenta.

Conocer estas estadísticas no ayuda a prevenir el divorcio, pero probablemente ayude a tomar conciencia de que es necesario celebrar acuerdos lo más equitativos y lo menos penosos posible. En definitiva, la esposa es, la mayoría de las veces, la madre de los hijos, y aunque en plena separación sean más los factores de disputa que los de acuerdo, conviene no olvidar que, alguna vez, cada uno fue lo más importante en la vida del otro.

Cuanto mayores sean los ingresos de una pareja, mayores serán las posibilidades de que la mujer quede peor parada que el hombre. Es que, normalmente, él tiene un trabajo estabilizado, y ella, si responde a los patrones tradicionales, ha ocupado la mayor parte de su tiempo en el cuidado de su familia y no está en condiciones de salir al mercado laboral a ganarse la vida.

No siempre esta realidad se tiene en cuenta a la hora de formular un convenio de liquidación de la sociedad conyugal.

La mayor parte de las parejas tradicionales se fundan y sostienen basadas en los ingresos del marido, y éstos pueden provenir de:

- su salario;
- una pensión o plan de retiro;
- dividendos varios en sociedades;
- su potencialidad para ganar dinero de manera eventual;
- acciones u otras inversiones bursátiles (opciones, fondos de inversión, bonos, etcétera).

A su vez, de acuerdo con el esquema tradicional, el hombre es el que se hace cargo de pagar:

- seguros y servicios prepagos de salud;
- seguro de vida;
- seguro de incapacidad;
- sistemas vacacionales prepagos.

Estas erogaciones deberían tenerse especialmente en cuenta en caso de divorcio, para evitar el deterioro del nivel de vida de la esposa que no trabajó durante el matrimonio, por lo menos hasta que su situación se pueda estabilizar.

Es decir que, si bien cuando sobreviene un divorcio cesa la obligación alimentaria, existen determinadas cuestiones que deberían ser igualmente contempladas, hasta que se pueda realizar un cese paulatino y no traumático de los aportes.

En este punto, podríamos pensar en una aplicación razonable de las normas generales a cada caso concreto, para evitar sufrimientos inútiles.

Sin duda, es posible que un experto en la materia objete que estas prestaciones no están previstas en la ley y que, por lo tanto, dependen de los acuerdos que, en cada caso, realicen las personas que se están divorciando.

Creo que, efectivamente, es así. Pero resulta muy importante mostrar, en particular al esposo, lo conveniente que resulta, con vistas a la paz en el futuro, tener una actitud colaboradora en la primera etapa del divorcio.

No es, en definitiva, a través de la asfixia económica del cónyuge ni generando permanente angustia como se logrará torcer su voluntad en otras cuestiones, o como se le hará revisar la idea del divorcio.

Por el contrario, una actitud comprensiva en la primera etapa puede ayudar a reproducir acuerdos en momentos posteriores, lo que muchas veces es imprescindible cuando la pareja ha tenido hijos y mantiene, en función de ellos, otros intereses en común.

## Cuando la pareja invierte en la carrera de uno de los dos

*Cuando se conocieron, Diana y Rubén eran jóvenes y acababan de ingresar en la Universidad. Ambos cursaban el primer año de Medicina, y fue allí donde se pusieron de novios.*

*Un año después se casaron, y acordaron que Diana dejaría su carrera por algunos años y trabajaría, para que Rubén se recibiera lo antes posible.*

*Así se hizo. Cuando Rubén se graduó, empezó a trabajar, pero la realidad económica general no le permitió a Diana retomar su carrera.*

*Cuatro años después, y cuando Rubén empezaba a abrirse camino en un consultorio que atendía solo, se divorciaron.*

*¿Habría algo que Diana pudiese reclamar?*

Podríamos formular la pregunta de otra manera: ¿Es posible, de alguna forma, tomar como activo de la pareja, a la hora de divorciarse, la inversión que implicó la carrera universitaria?

En general no se reconoce la inversión en una carrera como propiedad. Si a ello sumamos que los contratos entre cónyuges están prohibidos, llegamos hasta un punto tal, que una decisión tomada entre ambos de común acuerdo, en determinado momento de su relación de pareja, puede resultar absolutamente perjudicial para uno de los cónyuges, quien ha de sentir que invirtió su tiempo y esfuerzo a cambio de un proyecto que se frustró, sin ninguna recompensa.

Creo que el tema merece un rico debate, pero, fundamentalmente, debería provocar dos actitudes:

Por un lado, es conveniente que los dos sean muy conscientes de la decisión que están tomando, en el momento en que disponen que uno trabaje y el otro estudie, y que formulen acuerdos, por lo menos con valor y alcance moral, acerca de la conducta que seguirán al respecto, en caso de separarse.

Por otro lado, si una pareja se enfrenta a una separación,

luego de años de convivencia en los que uno de ellos "becó" al otro, sería conveniente que la cuestión, cuanto menos, formara parte de los acuerdos entre ambos, sobre todo porque, en su momento, la decisión de que uno apoyara los estudios del otro se tomó con la expectativa de que ambos disfrutaran de los beneficios en el futuro.

Cuenta Ann Wilson, en el libro antes citado, el caso de una pareja que se casó en 1980. Ambos decidieron que él terminaría sus estudios mientras ella trabajaba, y que, después, ella podría estudiar. Se divorciaron dos años después.

La Corte decidió que el título universitario que él había obtenido era una "propiedad" de la pareja. Y esa propiedad se valuaba en función de la diferencia entre un hombre con cuarto año de Medicina y un especialista en Medicina Interna, lo cual dio una suma de $300.000.

Un fallo como el citado abre nuevos interrogantes: ¿Qué es lo que se va a compensar: los gastos efectuados o las oportunidades de ingresos y progreso que da el nuevo lugar socioeconómico?

## El Derecho y la vida real

Sostiene Carol Ann Wilson que "el propio matrimonio es el que crea condiciones no equitativas para ambos cónyuges".

Recordemos que una división equitativa no es lo mismo que una división igualitaria.

La idea es interesante: no se trata de pensar que, en el momento de la pelea conyugal, uno de ellos enloqueció de golpe o reveló ser un perverso, o un súbito miserable, sino que lo que está haciendo es apoyarse en algunas de las condiciones que le brinda el propio sistema legal.

Saberlo nos permitirá enfrentar cada crisis concreta con mayor vocación para solucionarla, lo cual no se logra a través de brutales confrontaciones, sino en torno al firme propósito de discutir las necesidades y los intereses de ambos.

## ¿A qué se refieren los acuerdos financieros para un eventual divorcio?

La cuestión más importante que, en muchos casos, debe lograr una mujer cuando se separa es... ¡sobrevivir! Algunas veces, los hombres son los más afectados emocionalmente por el divorcio. Quedan paralizados y no pueden ganar dinero. En ese aspecto, los más sensibles suelen ser los que tienen hijos chicos, porque pueden encontrar más dificultades para profundizar el vínculo con ellos, cuando no media la participación de la madre.

Los incumplimientos en cuanto a las obligaciones alimentarias muchas veces se ligan, se complementan, se confunden o, si se quiere, se "compensan" con las dificultades para ver a los hijos, frente a lo cual cabe reflexionar sobre los muchos acuerdos que habrán funcionado mal durante el matrimonio, para tener que llegar luego a una crisis tan profunda y dolorosa en el momento de la separación.

## La dilapidación del patrimonio

*Sergio despreciaba profundamente la actitud de la que en poco tiempo acabaría siendo su ex mujer. Desde hacía varios años, ella no trabajaba y se dedicaba, exclusivamente, a ir de compras y gastar..., gastar..., gastar...*

*Sergio se cansó de pedirle que cuidara el presupuesto. Ninguno de estos pedidos fue escuchado, hasta que el contador le dio una muy mala noticia: su negocio se había descapitalizado absolutamente. Sería necesario solicitar un crédito muy importante, para poder subsistir.*

¿Qué pasa cuando la mujer es la causante de los problemas financieros de una pareja?

La experiencia indica que el divorcio se convierte en escenario de pequeñas venganzas. En este espacio, quien se siente damnificado por una conducta de dilapidación va a tratar de compensar, con extrema dureza, todas las culpas real o presuntamente cometidas por su cónyuge en el período anterior.

El análisis financiero relacionado con los acuerdos posibles es complejo, y requiere de profesionales expertos.

En este marco, se pueden hacer observaciones trascendentes. Por ejemplo, en contra de lo que se suele creer, un acuerdo que beneficie a quien tiene más bajos ingresos no necesariamente perjudicará a quien tiene ingresos más altos.

Sin duda, la tranquilidad que puede generar a la esposa saber que sus hijos no van a pasar penurias económicas puede generarle condiciones más ventajosas para conseguir un buen trabajo.

## Un caso muy común

*Alberto se cansó.*

*Se cansó de su mujer, del matrimonio, de la rutina... hasta de sí mismo.*

*Alberto quiere un cambio de vida y empieza por el divorcio.*

*Tantos años en común le permiten estar seguro de que no quiere volver a vivir con su esposa, a la que atribuye muchas culpas de su situación.*

*Entre otras cosas, le reprocha que nunca consiguió un buen trabajo, que jamás aportó a los gastos de la casa en una proporción similar a la de él, que nunca hizo un esfuerzo por ahorrar...*

*Isabel acepta el divorcio, pero está muy preocupada: ella sabe que no es fácil conseguir un buen trabajo en esta época. Además, no está dispuesta a desatender a los chicos, que, ella sabe, requieren de su presencia más que nunca.*

*Las posiciones se polarizan: si Alberto pudiera mirar la realidad con ojos más calmos, llegaría a la conclusión de que, más allá de todos los reproches que pueda hacerle a su mujer, éste no es un buen momento para que ella, sin más, consiga un trabajo óptimo.*

*Isabel, por su parte, no está dispuesta a hacer un enorme esfuerzo, y sacrificar incluso su tiempo con los chicos, para cumplir lo que, empieza a sentir, es un capricho de Alberto.*

¿Cómo salir de este atolladero?

Parecería que, de un día para el otro, todo cambió.

Pero la forma en que Alberto instrumentó el cambio torna imposible imaginar que los deseos de éste se vayan a cumplir sin problemas.

Quizá, con una actitud más tolerante y pausada, se podría conducir la situación hasta un punto de éxito, sobre la base de una estrategia previamente diseñada, que permitiera a Isabel conseguir una ocupación rentable. Hasta tanto, lo mejor que podría hacer Alberto es no sumar angustias y confusión, en un momento difícil.

## Preguntas para un acuerdo financiero en el divorcio

A la hora de celebrar un acuerdo financiero por un eventual divorcio, se deberían tomar en cuenta las siguientes preguntas:

- ¿Cómo se valúa cada propiedad?
- ¿Quién se queda con cada una?
- ¿Cuáles son las cuestiones impositivas en juego?
- ¿Cómo se dividen los fondos para el retiro y las pensiones futuras?
- ¿Cómo va a sobrevivir aquel de los cónyuges de menores ingresos? ¿Qué clase de ayuda está en condiciones de brindarle su familia de origen?
- ¿Qué clase de ayuda adicional necesita esa persona?
- ¿Quién se queda con la casa?
- ¿Deberá pagar impuesto a los activos?
- ¿Quién se quedará con los chicos?
- ¿Quién pagará los colegios, las colonias, la ortodoncia, etcétera?

• ¿Qué pasa en caso de muerte de uno de los ex esposos, tanto con la tenencia de los chicos como con su manutención y la administración de los bienes del fallecido, etcétera?

## Cómo hacer imposible un acuerdo

Cuando dos personas se enfrentan a un divorcio, tienen una característica en común: después de un tiempo de convivencia, largo o corto, ambos han adoptado valores y conductas que comparten, incluso sin darse mucha cuenta de ello.

También se conocen lo suficiente como para saber cuáles son las cosas que al otro le importan, y, por lo tanto, cómo lo pueden herir, preocupar, etcétera.

Así es como muchos hombres piden la tenencia de sus hijos  aunque realmente no la quieran  como una forma de negociar las cuestiones económicas con su mujer. Paradójicamente, cuanto mayor sea el vínculo de una mujer con sus hijos, más sensible será frente a este planteo, que suena a amenaza.

Al mismo tiempo, ocurre que muchas mujeres hostigan económicamente a sus ex maridos, a través de reclamos que exceden manifiestamente sus posibilidades y la realidad de sus ingresos, y que sólo tienen un fin vengativo.

Durante los episodios del recordado Mayo de 1969 en París, se acuñó una frase histórica: "Seamos realistas, pidamos lo imposible".

En el marco de un divorcio, esa consigna jamás puede aplicarse: es, quizás, una de las claves de juicios penosos y destructivos, donde quienes se divorcian coinciden en algo: la interminable pelea.

# CAPÍTULO XVIII

# La vivienda frente a la separación

## Situaciones comunes

"El casado casa quiere", decían las abuelas para aludir a un deseo incuestionable de todo aquel que, cuando crece, parte del nido para armar su propio hogar.

Es que la vivienda es el centro de la vida familiar y el refugio de cada uno.

Para muchos, desde el punto de vista patrimonial, es la inversión más importante de su vida, en particular en países donde se asigna especial importancia a la vivienda propia.

Por ese mismo motivo, son tantos los conflictos que se tejen en torno a la vivienda.

## Las donaciones de los padres, previas a la boda

*Hugo se está separando de Mirta. Ya se fue del hogar, con el auto y el equipo de música. Se han puesto de acuerdo en un régimen de visitas respecto de Iván, pero se producen roces permanentes. Es que Hugo le está pidiendo a Mirta que se vaya del departamento con su hijo.*

*—Vas a tener que alquilar, porque este departamento es mío y lo pienso vender de inmediato.*

*Mirta ha consultado con una abogada, y sabe que, aunque el departamento haya sido una donación de los padres de Hugo, en la medida en que allí vive su hijo, y no excede las necesidades razonables para el desarrollo del niño, no va a ser posible desalojarlos. Es que una de las obligaciones principales de un padre es proveer la vivienda a sus hijos.*

Es común que un padre done a su hijo la vivienda, antes de su matrimonio.

De tal manera, cumple dos objetivos: por un lado, brindar a su hijo un lugar donde vivir, y, por otro, proteger el patrimonio de éste frente a un matrimonio desgraciado: al ser la vivienda un bien propio, anterior al matrimonio, no deberá dividirse en caso de divorcio.

Esta protección al propio hijo tiene un límite: una vez que la nueva pareja tenga sus propios hijos, va a cesar todo derecho a disponer libremente del inmueble, en especial si no resulta excesivo para las necesidades de los hijos.

Lamentablemente, por falta de información, muchos hijos que han recibido un inmueble como regalo de sus padres ignoran su responsabilidad frente a sus propios hijos, y pretenden disponer del inmueble en forma inmediata.

La negativa de la esposa los lanza a acciones judiciales de mal pronóstico, pero cuyo origen no se encuentra tanto en una súbita malicia del dueño del inmueble, sino especialmente en la falta de comprensión del sistema legal.

En particular, a muchas personas les resulta complicado entender aquellas limitaciones a la libre disposición de los bienes que se basan en la protección del grupo familiar.

## La compra de un departamento en cuotas

*Juan y Andrea están ahorrando dinero desde hace un año, en una cuenta bancaria en común. Un domingo pasan por una obra en construcción y se entusiasman: en lugar de seguir ahorrando el dinero para comprarse un departamen-*

*to poco antes de casarse, deciden que resulta mejor comprar un departamento en cuotas, y entonces entregan el dinero ahorrado a cuenta del precio total.*

*Seis meses después, Andrea se queda sin trabajo y le resulta imposible seguir pagando las cuotas. Juan se hace cargo del total.*

*Tres años después, Juan y Andrea se casan, pero el matrimonio es desgraciado: se separan a los seis meses y se divorcian apenas la ley se los permite.*

*Durante la tramitación del divorcio se plantea una grave disputa: ¿cómo habrán de repartirse el departamento?*

En general, el pago de cuotas antes y después de un matrimonio puede dar lugar a conflictos, porque es necesario determinar con claridad quién resulta el titular del bien, y, en su caso, si hay que compensar valores con el otro cónyuge, ya sea porque éste realizó un aporte material o, simplemente, porque una parte del precio se ha abonado durante la vigencia de la sociedad conyugal.

Cada caso merece un tratamiento distinto. Obviamente, el éxito de los planteos ha de depender en gran medida del contexto en que sean formulados y, también, de que se pueda determinar eficazmente cuáles aportes fueron fundamentales y cuáles, accesorios, casi anecdóticos.

Lo cierto es que el pago de cuotas antes y durante el matrimonio puede dar lugar a arduas disputas, si los contrayentes no se ponen de acuerdo (en un momento en que no haya conflictos entre ambos) sobre cuál va a ser el criterio para reconocer los aportes que cada uno haya realizado.

Por lo tanto, se trata de un tema en el cual los convenios de los futuros contrayentes, probablemente bajo la forma legal de un "inventario" o como acuerdo privado de cumplimiento voluntario, pueden evitar mal entendidos y situaciones muy agrias.

## Donación de dinero para el boleto

*La familia de Rafael le ha donado el dinero para el boleto de compraventa de un departamento, que va a comprar en cuotas a cuarenta y ocho meses, junto con su futura esposa. La escrituración tendrá lugar después del pago de la última cuota.*

Producida una situación de discordia en la pareja, ambos comienzan a discutir respecto de la parte del inmueble que se pagó de contado y el valor de la parte pagada por ambos, durante la vigencia de la sociedad conyugal.

En este caso, según la incidencia de lo abonado al contado en relación con el precio total, se podrá considerar que el inmueble efectivamente es propio del que figura como titular (y, en tal caso, éste tendrá que recompensar a su cónyuge), o bien que el inmueble es ganancial (en cuyo caso existirá un crédito de quien aparecía como titular del dominio, contra la sociedad conyugal).

La diferencia entre las dos interpretaciones estará dada por la envergadura de la inversión anterior y posterior al matrimonio.

## Cuando la titularidad no es de ambos

*Alicia vivía con sus tres hijas, de 24, 17 y 15 años, en una casa inmensa y deteriorada, que había quedado a su nombre luego del divorcio de su primer marido.*

*En los últimos diez años no había hecho más que atender las roturas urgentes y los arreglos de emergencia, ya que las refacciones de envergadura eran costosas y complicadas.*

*En 1984, Alicia se casó en segundas nupcias con Luis, quien se instaló en la casa.*

*Los fines de semana, junto a un primo y a dos albañiles, Luis se dedicó durante meses a reparar techos, caños y paredes, hasta que la casa quedó en perfecto estado.*

*Sin embargo, la relación afectiva no prosperó: a los tres años, Luis planteó amigablemente la separación, y le pidió a Alicia que compensara, de alguna manera, todo el trabajo que él había hecho en la casa.*

*Alicia, sin desconocer el aporte de Luis, le replicó que eso era imposible, ya que ella nunca había estado en condiciones de pagar por mejorar la situación de su vivienda, y que, en realidad, la colaboración de él podía compensar los ahorros en alquileres por el tiempo que había vivido en el inmueble.*

Digamos que, legalmente, las mejoras de un bien de uno de los cónyuges tienen el carácter de gananciales, es decir que el mayor valor del inmueble debería compensarse en el momento de liquidar la sociedad conyugal.

Sin embargo, en este caso Luis también se benefició con el uso del inmueble, circunstancia que debería tomarse en cuenta para arribar al resultado económico sobre cuya base se liquidará la sociedad conyugal.

Un factor agrava cualquier cálculo, y es la incapacidad material de una persona para afrontar, en dinero, toda clase de compensación.

Igualmente, la mejor opción consiste en separar, en dos cuentas distintas, lo que "corresponde" de lo que "se puede".

En muchos casos, la sola circunstancia de que una persona se sienta reconocida la predispone favorablemente para adaptarse a las posibilidades materiales del otro.

## La construcción en el terreno de uno de los cónyuges

*Mario dona a su hija Cristina un terreno, para que allí la pareja construya el hogar. ¿Cómo se sentirá Atilio, el novio, frente a este hecho?*

*Pues Atilio sabe que la donación sólo beneficia a Cristina. Y que él se encuentra desprotegido en relación con el aporte* de fondos y con el esfuerzo de la construcción. *Aunque sea el que dirige la obra y el que más trabaja en ella, simplemente está ayudando a construir en un terreno ajeno.*

Si se produjera el divorcio o si la mujer falleciera, quedaría pendiente la cuestión de los aportes, ya que sería necesario compensarle a Atilio el valor de lo que edificó, pero el inmueble sería de Cristina.

## Convivencia forzada, por falta de un lugar adonde ir

*Eugenio trabaja como operario en una fábrica de hilados industriales. Su sueldo le resultó siempre magro, así que, desde el nacimiento de su hijo mayor, los fines de semana se ocupó de reforzar sus ingresos como cuidador de una casaquinta en las afueras de la ciudad. Por costumbre o por necesidad económica, lo cierto es que el trabajo terminó por constituir el centro de su vida. Pero, sin embargo, el dinero nunca fue suficiente para progresar o tener una existencia tranquila. La precariedad de sus ingresos motivó, siempre, las fricciones matrimoniales.*

*Está casado con Eva desde hace quince años, y tienen dos hijos, de trece y cuatro años. Poco tiempo después de nacer Carlitos, el menor, comenzó a sentir un distanciamiento afectivo de su esposa. La brecha no se pudo salvar; por el contrario, la frialdad se volvió irreversible. Cuando habla con su hermano, con quien tiene cierta confianza, se permite reconocer, directamente: "Estamos separados. La cosa ya no da para más".*

*Quisiera divorciarse, pero sabe que sus medios no se lo permiten. "Si vendo la casita, que es lo único que tenemos, ¿cuánto me podrán dar? Eso no alcanza para dos viviendas. Y si les dejo esto a los chicos y a Eva, con mi propio sueldo no puedo costearme otro lugar y, además, pasarle dinero a ella. Habrá que aguantar... Si puedo...".*

Las dificultades económicas han llevado a muchas parejas, virtualmente disueltas, a no poder ejecutar su separación.

Un principio musulmán dice que el hombre puede tener tantas esposas como pueda mantener. Más allá de todas las observaciones culturales que podamos formular a esta norma, lo cierto es que su aplicación inversa y negativa daría por conclusión que un hombre puede divorciarse de su mujer, sólo si le es posible costear el proceso y sus consecuencias.

En casos como el de Eugenio, parece que no es posible mantener una esposa y, tampoco, separarse. Entonces, aun roto el vínculo de pareja, persiste la cohabitación, por motivos estrictamente económicos. Estos casos son mucho más comunes que lo que podríamos suponer.

No obstante, desde el punto de vista legal, uno de los presupuestos del divorcio vincular es la "separación física" de la pareja, que debe ser real y efectiva.

Por lo tanto, mientras ambos sigan viviendo en la misma casa, es probable que no pueda disponerse, para ellos, el divorcio vincular.

En otros casos, la vivienda se convierte en el objeto y el centro de las disputas. Ambos cónyuges interpretan en forma peculiar sus propios derechos sobre la sede del hogar familiar, acaso por desconocer el real panorama que la ley prevé para esta clase de situaciones.

## ¿Atribución o reparto de la vivienda?

Si hay algo indudable es que la vivienda genera tantas emociones, que no puede soslayársela como fuente de innumerables conflictos.

Cuando existen bienes suficientes para que cada uno de los que se divorcian reciba su parte en la liquidación de la sociedad conyugal, se pueden aplicar diversos métodos de negociación con muy buen pronóstico.

En cambio, cuando el activo más importante del matrimonio es la casa familiar, se suelen producir conflictos de muy difícil resolución:

—*Vendemos la casa y nos repartimos la plata* —*propone el esposo.*

—*Ni loca te acepto* —*dice ella*—. *Vos quisiste irte, así que en la casa me quedo yo con los chicos.*

O también, una esposa puede negarse a vender la casa, aunque exceda las necesidades de ella y sus hijos, frente a la sospecha de que su ex marido no va a seguir haciéndose cargo del pago de alimentos, una vez que la propiedad se haya vendido.

## Cuando uno de los esposos atiende en la casa

Un conflicto adicional, para muchas parejas, es el que se produce cuando en el inmueble donde funciona el hogar se establece también el consultorio (médico, odontológico, etcétera).

Al sobrevenir una separación, el cónyuge que utiliza el consultorio tiene dos opciones, y ambas le representan perjuicio.

Pues, por un lado, puede continuar ejerciendo la profesión en el lugar donde vino haciéndolo desde siempre. Sólo que esto es, muchas veces, antipático en relación con la vida privada del otro. Ya que si ambos se han separado es porque no han podido mantener vivo el deseo de convivir o de verse con frecuencia.

Por otro lado, lo que puede hacer es mudarse, pero dado que el consultorio o el estudio, como lugar físico, es tan importante en el ejercicio de muchas actividades, en particular, en las profesiones liberales, corre gran riesgo de perder pacientes o clientes.

## ¿Qué puede hacerse con la casa cuando sobreviene una separación?

Cuando se separa un matrimonio que tiene hijos menores, se prioriza legalmente la conveniencia de que los chicos padezcan la menor cantidad de cambios posibles y que puedan mantener, en todo lo que ello sea factible, su estándar de vida.

Bastante, se dice, es lo que deben padecer al ver que sus padres se separan, como para tener que mudarse y, muchas veces, perder a sus amigos por un cambio de barrio o de ciudad.

Desde esa perspectiva, se tiende a que sigan viviendo en el hogar con el padre que ejerce la tenencia.

No habiendo hijos menores, la opción más obvia y la que muchos eligen en primer lugar es vender el inmueble. Cabe aclarar que, cuando hay una hipoteca importante, vender es casi imposible, ya que el costo de cancelación es enorme.

También es posible que uno de los esposos adquiera al otro la parte que a este último le corresponde.

Algunos matrimonios optan por divorciarse, pero mantener la comunidad sobre el bien en forma indefinida, en particular si no tienen en vistas un nuevo matrimonio.

## El hogar, frente a "los míos y los nuestros"

*Eduardo, viudo de su primer matrimonio, está empezando su divorcio de Ethel, con quien se casó hace tres años.*

*Han vivido durante este tiempo, con los tres chicos del primer matrimonio de él, que actualmente tienen doce, nueve y siete años, y con una hija de Ethel, de cinco años.*

*¿Quién se quedará viviendo en el departamento?*

Si el departamento fuera el mismo de la sociedad conyugal de Eduardo con su primera esposa, no cabrían dudas de que aquél y sus hijos deberían permanecer en la vivienda, ya que los propios hijos de Eduardo serían los propietarios del 50%, por herencia de su madre.

Igualmente, si el departamento fuera un bien propio de Eduardo, correspondería que Ethel dejara el inmueble, lo que, simétricamente, llevaría a aquél y a sus hijos a tener que dejar la casa, si Ethel hubiera sido la propietaria.

Lo que da lugar a un conflicto de difícil solución es la

posibilidad de que el inmueble fuera un bien ganancial de la pareja.

Porque, en este caso, se deberían equiparar los derechos de la hija de Ethel con los derechos de los hijos de Eduardo, lo que significa, en la práctica, que habría que liquidar el departamento, para que cada padre pudiera irse a vivir a otro lado con sus hijos respectivos.

## Conclusión

Desde el punto de vista económico, para muchos la vivienda es el activo más importante de su patrimonio.

Pero más importante aun que el valor material en juego son el valor espiritual y la significación de lo que no es, simplemente, una construcción arquitectónica, sino el lugar donde se ha desarrollado la vida familiar.

Esta percepción es la que tantas veces complica las decisiones de una pareja en crisis frente a la vivienda, ya que la solución que aparece como más directa (que uno se vaya, que el otro se quede) en muchos casos resulta muy resistida por el que se tiene que ir.

Obviamente, si quien se queda en el inmueble, inicia allí mismo una nueva convivencia, va a exacerbar las resistencias del otro, que muchas veces se plasman en escenas desagradables, en particular, cuando el que dejó esa vivienda va a buscar a sus hijos, que siguen viviendo allí, para cumplir el régimen de visitas.

Cada caso merece una atención particular, ya que se mueven pasiones que no son iguales a las de otra situación. Lo que no se puede, bajo ninguna circunstancia, es actuar como si nada sucediera, como si la atribución del hogar a uno de los cónyuges no generara sentimientos y sensaciones cruzadas, que especialmente afectan a aquel que es desplazado de lo que, alguna vez, fue un hogar compartido.

CAPÍTULO XIX

# La viudez

El fallecimiento de uno de los cónyuges produce modificaciones en la situación del patrimonio, ya que en ese instante se disuelve la sociedad conyugal, y la persona fallecida es sucedida por sus herederos.

Muchos de los cambios patrimoniales ya fueron tocados en un libro anterior, *Pensar la herencia*, donde me centré en la prevención de conflictos que puede provocar una sucesión.

Cuando se trata de derechos hereditarios, estar casado, o no, marca una enorme diferencia. Si bien, en ciertos aspectos, la ley tiende a equiparar los derechos de los concubinos con los de las personas casadas (por ejemplo, en la percepción de pensiones, la cobertura social, etcétera), esto no ocurre en el caso de la herencia.

Cada tanto, se presentan proyectos de ley destinados a atribuirles derechos hereditarios a los concubinos, pero sin llegar a convertirse en leyes. Esto provoca graves errores de información: muchas personas consideran que tienen derechos hereditarios por haber convivido una determinada cantidad de años, lo cual resulta, por el momento, absolutamente erróneo.

## El bien de familia y los derechos sucesorios

En los capítulos V y VII se analizó la figura del bien de familia, en relación con el "durante" del matrimonio y con la disolución por ruptura.

Una de las situaciones que generan potenciales conflictos sucesorios es la existencia de un bien de familia, que protege a algunos herederos pero lesiona los derechos de otros.

En principio, las manifestaciones mediante las cuales se constituye un bien de familia están autorizadas en relación con donaciones, y particiones de ascendientes o testamentos, conforme con el artículo 44. En este caso, los efectos se producen a partir de la muerte y de la inscripción en el registro inmobiliario, ordenada por el juez de la sucesión.

El fallecimiento de uno de los cónyuges no desafecta el bien de familia, no lo "invalida", si no existe acuerdo del cónyuge que le sobrevive o si no hay resolución judicial al respecto, o bien si no se cumplen las condiciones previstas en la misma ley.

Cuando la disposición de que un inmueble se inscriba como bien de familia surge de una disposición testamentaria, es indispensable que los beneficiarios soliciten su inscripción al juez que actúa en la sucesión (art. 44).

Y, en caso de fallecimiento, para constituir gravámenes (como hipotecas, por ejemplo) hace falta el consentimiento unánime de los restantes herederos.

Otro punto que debemos mencionar, en relación con el bien de familia, es que no puede ser objeto de legados o mejoras testamentarias. En términos jurídicos, se dice que es "inalienable por actos de última voluntad".

Recordemos una de las medidas de protección que brinda el bien de familia: los integrantes de la familia tienen derecho a vivir en el inmueble, aun después de fallecido el titular originario, sin que los demás herederos tengan derecho a pedir la desocupación.

Es decir que sufren merma los intereses de los herederos no beneficiarios, ya que, en principio, luego de la muerte del causante, el bien de familia queda sometido a indivisión.

No obstante, es digno de destacar algo que afirma el *Código Civil* originario, en su artículo 3452: "Los herederos, sus acreedores y todos los que tengan en la sucesión algún derecho declarado por las leyes pueden pedir en cualquier tiempo la partición de la herencia, no obstante cualquier prohibición del testador o convenciones en contrario".

El *Código* privilegió la defensa del interés individual de cada heredero, como expresamente se ocupó de aclararlo el mismo Vélez Sarsfield.

Sin embargo, este sistema dio lugar a muchas prácticas injustas, y por ello fue perdiendo vigencia, a medida que la experiencia demostró que, en algunas situaciones, ciertos intereses resultaban gravemente perjudicados. Como ejemplo, cabe mencionar la indivisión hereditaria impuesta por el cónyuge que sobrevive al otro (jurídicamente, el "supérstite").[1]

## Un hijo reclama

*Sebastián siempre mantuvo a la familia. Edith trabajó como ama de casa, al cuidado del hogar y de los tres hijos.*

*Un día, ella falleció en un accidente de tránsito y, desde entonces, Sebastián debió hacerse cargo de los tres hijos, que estaban entrando en la adolescencia. Fue, para él, una labor exigente y a la cual no estaba acostumbrado. Los chicos sufrieron dolorosamente la pérdida de la madre, y Sebastián tuvo que costear tratamientos psicológicos, llevarlos, traerlos, supervisar y seguir de cerca su escolaridad para que no abandonaran la secundaria y rindieran las materias, administrar el movimiento cotidiano del hogar... Pero todo este*

---

[1] Véase Guastavino, Elías: "Indivisión hereditaria impuesta por el cónyuge supérstite", en *Jurisprudencia Argentina*, 1957, tomo III, sección Doctrina, pág. 20.

*trajín le restó horas de su tiempo laboral, pues, naturalmente, ya no podía trabajar jornadas completas como antes, cuando vivía sólo para ganar el sostén del hogar.*

*Cuando, años después, el hijo mayor llegó a la mayoría de edad, le pidió la parte de la herencia (materna) que le correspondía.*

*Sebastián se vio en un tremendo problema.*

En casos como éste, vemos una contradicción entre lo que marca la ley y lo que resulta equitativo.

¿Por qué? Generalmente, el padre sobreviviente da a los hijos mucho más que el usufructo de los bienes que les corresponde, por herencia, a raíz del fallecimiento del otro. Esto, más que ser obligatorio, es lógico, en la medida en que la base de los cuidados paternos suele ser más el amor y la preocupación sincera que la fuerza de la coerción.

Pero dado que Sebastián siempre trabajó y que gracias a su esfuerzo se acumularon los bienes, ¿cuál es la lógica de tener que achicar su nivel de vida cuando, al llegar a la mayoría de edad, los hijos le piden la porción hereditaria de ellos?

También en este punto se ve una contradicción entre la conducta que autoriza la ley y la que resultaría justa y equitativa, en beneficio de la familia.

¿De qué manera se podría haber impedido esta situación desfavorable e injusta para Sebastián?

Algunas situaciones le permitirían seguir viviendo en el departamento, sin tener que venderlo para satisfacer el pedido de su hijo mayor de edad.

Sería el caso, por ejemplo, si el inmueble estuviera inscrito como bien de familia. O si Sebastián hiciera uso del derecho de habitación gratuito y vitalicio que establece el artículo 3573 del *Código Civil* para el cónyuge supérstite.

Pero, si por algún motivo, este derecho no pudiera invocarse (por ejemplo, cuando existe otro inmueble habitable), el cónyuge podría apelar a lo que establece el art. 53 de la ley 14.394, que lo faculta a solicitar, por un término máximo de diez años, la indivisión de la casa habitación ganancial que hubiera sido vivienda habitual de los esposos o "del establecimiento que el supérstite hubiera adquirido o formado en todo o en parte" (es decir, si el cónyuge que sobrevivió al otro adquirió la vivienda).

En algún sentido, aunque mínimo, este artículo evita los abusos a que podría estar expuesto alguien como Sebastián. Por lo menos, durante los primeros diez años.

La "indivisión forzosa" puede establecerla, también, cualquiera de los cónyuges en su testamento, para que rija luego de su fallecimiento, si queda aún con vida su esposo o esposa.

## ¿Qué sucede cuando el cónyuge supérstite no quiere atenerse a la "indivisión forzosa"?

Esta "indivisión forzosa" protege al otro cónyuge de la partición.

Pero ¿qué sucede cuando es el supérstite el que quiere disponer de los bienes? Porque, en principio, aplicar la indivisión forzosa estaría limitando sus propios derechos de disponer de los bienes gananciales. Una vez que la sociedad conyugal se ha disuelto por muerte, él está facultado por la ley a retirar sus gananciales en forma inmediata, si eso desea.

Es decir que uno de los cónyuges puede disponer esta cláusula en su testamento, pero esto no afecta el derecho del cónyuge a retirar sus bienes gananciales en forma inmediata, una vez finalizada la sociedad conyugal, y, por lo tanto, renunciar en los hechos a la indivisión.

## El cuándo y el cómo de la indivisión

• Los herederos pueden acordar la indivisión total o parcial de la herencia por un plazo no mayor de diez años.
• También puede hacerlo el *causante* (el que origina la sucesión), sobre un bien determinado o sobre un estableci-

miento que constituya unidad económica, hasta que todos los herederos alcancen la mayoría de edad. La forma de hacerlo es por testamento.

- Si la indivisión de la herencia se refiere a un bien ganancial, debe formar parte de la masa administrada por el testador; de lo contrario, no podría disponer de él.
- La división puede ser dispuesta por el cónyuge sobre un establecimiento ganancial. En este caso, debe tratarse de una unidad económica, es decir, un "conjunto de bienes materiales (muebles o inmuebles) que, armonizados en función productora de servicios o bienes, por el orden establecido por la dirección de un organizador, no podrían continuar su función de producción o ésta disminuiría considerablemente, si [el todo] soportara la separación de algunos de sus elementos".

Para que la indivisión sea posible, el cónyuge supérstite tiene que haber formado esta unidad económica en todo o en parte.

## ¿Qué sucede cuando la "indivisión de la herencia" entra en conflicto con las normas que regulan la "legítima hereditaria"?

Los herederos forzosos de una persona (en primer lugar, sus hijos; el cónyuge respecto de los bienes propios, y, de no haber hijos, el cónyuge y los padres) tienen derecho a una porción de la herencia llamada "legítima hereditaria".

Se trata de un derecho al que sólo se los puede privar por desheredación, en los escasísimos supuestos que están contemplados en la ley, o por "indignidad", que son, también, unas escasas causales que pueden invocar los restantes herederos, para evitar que alguien acceda a su porción legítima.

El acceso a la "legítima hereditaria" no debe estar condicionado, ni sujeto a plazos u otras modalidades.

Por lo tanto, un padre que dispusiera que la totalidad de

sus bienes fueran a parar a un *trust* o a un fideicomiso, después de su fallecimiento, para que cada cinco años se fuera entregando una porción en forma proporcional a todos sus hijos, podría estar afectando la legítima hereditaria de ellos, que deberían tener acceso inmediato a los bienes de la herencia.

Hasta aquí, hemos expuesto el principio general, que admite (como casi todas las cosas) algunas excepciones:

- La indivisión de la herencia, que el causante puede establecer por un plazo máximo de diez años.
- El régimen del bien de familia.
- El derecho de habitación vitalicio y gratuito, del artículo 3573 bis del *Código Civil*, en favor del cónyuge supérstite.

En todos estos casos se produce, en la práctica, una postergación del acceso a la legítima hereditaria. Fundamentalmente, se posterga el derecho a disponer de esa parte de la herencia, hasta que vence un plazo o se produce una condición.

Este conjunto de normas provoca no pocos conflictos, que, en general, pueden ser materia de acuerdos entre las partes, y que, cuando deben someterse a una decisión judicial, ponen a los jueces frente a un difícil desafío, como es el hecho de tener que priorizar algún valor en relación a otros, igualmente reconocidos en las leyes.

Cada caso merece una solución diferente. Desde ya, cuanto más se acerquen las partes interesadas a una solución negociada, más rápido y efectivo va a ser el final del conflicto.

## La muerte de un cónyuge durante el proceso de divorcio

Hace muchos siglos, Aristóteles escribió unas reglas permanentes para el teatro, entre las cuales figura la "unidad de acción". Esto significa que, en el teatro clásico, no pueden suceder simultáneamente muchas cuestiones diferentes, porque distraen al público de la acción principal.

Ahora, nos preguntamos: en la vida real, ¿hay unidad de acción? Nuestra mente parece tender a exigirla, aunque no siempre la realidad le hace caso.

Cuando hablamos de un divorcio, damos por sentado que ambas partes continuarán viviendo hasta que el proceso termine. Pero, a veces, hechos inesperados complican la situación y terminan ocupando el centro de la escena.

En principio, cuando dos personas se separan golpeadas por el dolor de los conflictos, suelen desarrollar sentimientos muy antagónicos hacia el mismo ser que alguna vez amaron. Por lo general, las rupturas suelen ser duras.

En algún momento, cada cónyuge tiene la fantasía de que un viento muy fuerte se lo lleve al otro... definitivamente. Por fortuna, somos personas civilizadas, y podemos aceptar que el otro sólo "muera" en el lugar de nuestra íntima devoción amorosa.

Pero, aunque más no sea a título de ilustrarnos, vale la pena analizar la hipótesis de la muerte del cónyuge, durante o después del juicio de divorcio.

De acuerdo con la ley, en el momento de iniciarse el divorcio, las partes pueden presentar ante el juzgado arreglos que hayan hecho de mutuo acuerdo, sobre la forma de repartir el patrimonio común (a esto se le llama "convenios de liquidación de la sociedad conyugal"). El juez los homologa cuando decreta el divorcio de los cónyuges, y les da validez retroactiva a la fecha en que dichos convenios fueron presentados.

Dicho de otro modo. Si dos personas presentan junto con su demanda de divorcio, en mayo de 1996, un acuerdo sobre la forma de liquidar los bienes y deudas del matrimonio, y el juez dicta sentencia tres años después homologando ese acuerdo, le dará validez retroactiva desde mayo de 1996, y no a partir de la fecha de la sentencia.

¿Qué ocurre si uno de los cónyuges fallece antes de que exista una sentencia firme de divorcio? Ese divorcio, obviamente, no va a terminar nunca, pues nadie puede divorciarse de alguien fallecido.

Esto significa, entre otras cosas, que los efectos buscados y pactados por las partes sobre la forma de liquidar el patrimonio jamás se van a cumplir. Porque la división de bienes no se va a hacer de acuerdo con los términos de un divorcio, sino de una sucesión.

*Lyan y Manuel estaban embarcados en un divorcio muy peleado, de esos que dejan extenuados a los cónyuges, a los abogados y hasta al juez. Soportaban audiencias cargadas de insultos y exhibían una increíble pasión para pelear, hasta en los mínimos detalles.*

*Sorpresivamente, durante el proceso, Lyan cayó irreversiblemente enferma, y murió dos meses después.*

*Durante la evolución final de la enfermedad, una de sus preocupaciones obsesivas era que el marido no pudiese administrar los bienes de sus hijos, lo cual era algo muy difícil de lograr.*

*En especial en este aspecto, tenía sobrados motivos para que su deseo fuera escuchado y se negaba a que, como administrador de esos bienes, su marido y el abogado fueran quienes hiciesen el inventario, nada menos que en la casa de ella. Y, además, sospechaba que Manuel administraría torpemente los bienes que Lyan había recibido por herencia de sus padres.*

La preocupación era muy justificada: a Lyan la angustiaba pensar que, por el álea de la vida, el hombre que ella detestaba pudiese penetrar en la intimidad de su casa, inventariar sus objetos queridos, afectar sus valores...

Se halló una solución práctica, que puede extenderse a casos semejantes:

Si una persona en vías de divorcio no desea que su cónyuge sea el administrador de su patrimonio en caso de fallecimiento, puede redactar un testamento y, en él, nombrar un *albacea*.

Ese albacea o ejecutor testamentario será quien tenga todas las responsabilidades y la fuerza legal necesaria para que el cónyuge sobreviviente no afecte la memoria o los íntimos deseos del fallecido.

Si bien el padre de los hijos, en su condición de administrador de los bienes de éstos, tiene derecho a controlar todo el proceso, la designación de un albacea permite que sea un tercero el encargado de dirigir el procedimiento.

## Fallecimiento del conviviente

*Juan y Silvina nunca se habían casado. Cuando llevaban trece años juntos, viviendo en el departamento que habían comprado a nombre de ella, Silvina falleció a causa de un repentino ataque cardíaco. En ese momento, Juan se enteró de que debía dejar el departamento. Por ser Silvina la titular, a él no lo amparaba ningún derecho.*

En efecto, y disculpará el lector que lo repita, quien no está casado, aunque conviva desde hace muchos años, no tiene ninguna clase de derechos hereditarios.

Y esto, en la práctica, significa que:

• El conviviente no puede quedarse en el lugar donde estaban viviendo, si éste se encuentra a nombre del otro.

• Sólo heredará en caso de que el fallecido hubiera hecho un testamento en su favor sobre la porción disponible, de manera que no se afecte la legítima de los herederos forzosos.

• Hay una cuestión que deberá tenerse en cuenta: si es factible probar los bienes aportados por cada uno de los que viven en común.

En el caso que cité, Juan había trabajado a la par de Silvina, como corredor de comercio, sin ninguna constancia que acreditara sus ingresos. Silvina era empleada de una tienda.

¿Por qué decidieron poner el departamento a nombre de ella y no de los dos?

Juan estaba separado de hecho de su primera esposa, quien

vivía en la provincia y con quien no había tenido hijos. Como nunca hizo los trámites del divorcio, no podía tener bienes a su nombre que no fuesen considerados gananciales. Y no quería involucrar a Silvina en ningún lío judicial. Por otro lado (valga ironía del destino), Juan vivía obsesionado por el miedo a tener un accidente mientras trabajaba.

Aunque ella ganaba menos que él, no hubo forma de demostrar que los ingresos de Juan habían sido el principal aporte para la compra del departamento.

Y Juan perdió todos los derechos, en favor de los herederos forzosos de Silvina.

## ¿Cómo prevenir, en caso de convivencia?

Por todo lo expuesto, es conveniente efectuar un *inventario*, para que quede claro qué es lo que cada uno aporta a la relación de convivencia. Y, de ser posible, un acuerdo respecto de los bienes muebles que van adquiriendo.

Además, al tener en cuenta que al conviviente no lo asiste ningún derecho, se puede realizar un testamento a su favor, que le asigne todo lo que no esté afectado por la porción legítima hereditaria, que es para los herederos forzosos.

En última instancia, y a fin de evitar un desalojo abrupto, se puede tener siempre actualizado un comodato o un contrato de locación respecto del inmueble.

Es importante tener en cuenta, en estos casos, quién tiene la boleta de compra de los bienes o si ambos han constituido una suerte de sociedad civil.

Si se tratara de un matrimonio, la sociedad conyugal quedaría disuelta en forma inmediata ante el fallecimiento de uno de los cónyuges (o de ambos en forma simultánea).

Para que opere la disolución, basta con comprobar la muerte mediante una partida de defunción. Entonces, todos los bienes que se adquieran con posterioridad al fallecimiento serán considerados bienes propios del sobreviviente.

# CAPÍTULO XX

# Ocultamiento, fraude y simulación

## El ocultamiento y el fraude durante el divorcio

Tanto el manejo dispar de las finanzas en el hogar, como las relaciones de poder no equitativas y el reflejo material de dificultades afectivas hacen que, en el transcurso del matrimonio, alguno de los cónyuges pueda perpetrar, en forma silenciosa, situaciones fraudulentas que perjudican a su pareja.

El fraude consiste en el cumplimiento sólo aparente de las leyes, ya que la verdadera intención subyacente es burlarlas.

Muchas veces, el fraude se descubre o sale a la luz cuando el que lo comete anuncia su intención de divorciarse... y ya es tarde.

En otros casos, es al revés, y el cónyuge decide divorciarse precisamente porque descubre maniobras fraudulentas de su pareja.

Una locución latina asegura *Fraus omnia corrompit*: el fraude todo lo corrompe.

Es que el fraude es un acto ilícito cometido con engaño, mediante el cual se pretende eludir una prohibición legal o causar daño a algún tercero, bajo la cobertura que le brinda otro acto real y lícito.

Las definiciones puramente jurídicas que brindan los

especialistas varían en sus matices. Para algunos autores, como Eduardo Zannoni, el fraude es una modalidad del dolo, donde la intención de dañar se lleva a cabo mediante la ejecución de un acto jurídico. Es decir que alguien se vale del acto como artificio o astucia, para frustrar, impedir o eludir el interés legítimo de otra persona o para conseguir un resultado que es contrario al Derecho.

Otros autores dicen que consiste en eludir una regla obligatoria, mediante el uso deliberado de un medio eficaz, de tal forma que el resultado no es atacable dentro del ámbito del Derecho positivo.

Pero baste con decir que son elementos del fraude:

• Una regla obligatoria de la cual quiere escapar el defraudador.
• Una intención fraudulenta que es de mala fe y que busca, en forma consciente y deliberada, un resultado ilícito.
• Un medio desviado, que permite esquivar el cumplimiento de la regla obligatoria.

¿Cuál es la diferencia entre la simple violación de la ley y el fraude? Que en este último las reglas del Derecho no se transgreden de frente, con el consecuente riesgo de sufrir sanciones; en cambio, se utiliza un medio desviado para eludir, astutamente, la ejecución de dichas reglas.

## Durmiendo con el enemigo

Ahora bien, en lo que respecta a nuestro tema, podemos decir que la relación matrimonial se presta acaso mejor que ningún otro vínculo para suscitar o poner en evidencia conductas fraudulentas de alguno de los contrayentes.

De hecho, es habitual que marido y mujer no determinen simultáneamente que su matrimonio debe terminar; también resulta habitual que uno de los cónyuges, ya sea por una experiencia previa anterior, por prejuicio o por historias que ha visto u oído de terceros, decida ser esquivo con respecto a los bienes del matrimonio y a la información que deja tener al otro sobre este punto.

¿Cuál es la regla que querría burlar un defraudador dentro del matrimonio?

La más importante: la partición por mitades de los bienes gananciales, que está contemplada en el art. 1315 del *Código Civil*.

¿Para qué quiere burlar esa regla?

Saber esto es importantísimo, tanto para el cónyuge que resulta víctima de la maniobra, como para el juez que debe dictar sentencia, y aun para aquellos que desearían disuadir al cónyuge defraudador de su conducta indebida.

Sin duda, muchas veces la intención primordial del que defrauda a su pareja es enriquecerse económicamente, en detrimento del cónyuge.

Pero no siempre es así. En algunos casos, actuar fraudulentamente es demostrar poder o saber, en una carrera enloquecida contra el cónyuge, contra el profesional que asesora al cónyuge o contra todo el sistema de la Justicia.

En otros casos, ese poder tiene un fin muy práctico: al atemorizar al cónyuge, se obtienen otros beneficios (por ejemplo, en el régimen de visitas o en la conducta del cónyuge hacia la conformación de una nueva pareja).

O, también, el fraude sirve para generar o ampliar una venganza, a través de lo patrimonial.

En cualquier caso, y a los efectos de la intervención que nos pudiera caber en una situación de fraude conyugal, no debemos perder de vista lo siguiente:

El grupo familiar y, en especial, los hijos son los grandes testigos de las conductas adoptadas. Esa condición puede convertirlos en jueces, por un lado, o en víctimas inconscientes de ese mismo tipo de actitudes ilegítimas.

Y algo más, sumamente importante: el fraude familiar puede no ser redimible a lo largo de las generaciones.

## Distintos negocios jurídicos fraudulentos

Uno de los más comunes es disponer de bienes no registrables. Por ejemplo, uno de los cónyuges, a sabiendas de que es posible la separación, vende todos los bienes que puede y se guarda el dinero.

Otra conducta fraudulenta durante el matrimonio son los actos de disposición de bienes registrables: uno de los cónyuges, a través de acción psicológica, fuerza la voluntad del otro para que éste preste asentimiento a la venta de algún bien registrable ganancial, sin revelarle que su objetivo real es divorciarse a corto plazo.

O también puede ocurrir que le informe falsamente un mal estado patrimonial, para convencer al otro de la necesidad de efectuar una venta.

En otros casos, la venta de bienes gananciales registrables puede hacerse con total desconocimiento del cónyuge, en una situación mucho más grave, que implica la falsificación del asentimiento a la venta del bien.

Otra conducta fraudulenta durante el régimen matrimonial se relaciona con la administración que efectúa un cónyuge de ciertos bienes gananciales.

Por ejemplo, el cónyuge que maneja la administración de los bienes y que está dispuesto a defraudar alquila un inmueble ganancial a un inquilino que, falsamente, al poco tiempo se declara insolvente pero que, en realidad, le está pagando a él.

También puede ocurrir que alquile un inmueble a larguísimo plazo, como forma de negociar, en el divorcio, que se queda con ese inmueble, de "valor escaso", debido a la ocupación del inquilino bajo contrato.

Hay otros actos fraudulentos que no tienen que ver con negocios jurídicos, pero que implican la posibilidad de dañar, degradar o destruir un bien determinado.

Por ejemplo, permitir que un inmueble sea ocupado con vistas a la usucapión[1], o bien descuidar y abandonar cosas gananciales que debería cuidar...

---

[1] La usucapión consiste en la adquisición de un bien por el paso del tiempo

Además, existe otro acto fraudulento, que consiste en causar daños patrimoniales al cónyuge, a través de negocios simulados.

## ¿Cómo combatir el fraude?

El acto fraudulento puede ser atacado durante la vigencia plena del régimen patrimonial correspondiente al matrimonio, aunque ni siquiera se vislumbre la extinción del vínculo conyugal o aunque ésta se produzca por causa de muerte.

Hay mecanismos previstos por la ley para impedir maniobras fraudulentas, aunque, siempre, resultan indispensables el acceso a la información, el asesoramiento imparcial y preventivo, y el examen objetivo de la propia situación.

Durante el matrimonio, uno de los recursos que tiene cualquier persona a su disposición para prevenir estas conductas es el del "asentimiento conyugal".

¿En qué consiste? El esposo o esposa debe dejar constancia de su asentimiento a la venta de bienes gananciales registrables que efectúe su cónyuge. Dicho de otro modo, ningún cónyuge puede vender por su cuenta bienes gananciales inscritos (un automóvil, una parcela de tierra, una vivienda, una lancha) sin contar con la aceptación escrita y firmada de su marido o esposa.

La aceptación no es necesaria para las compras. De tal modo que cualquiera de los dos puede adquirir un bien de esta índole e inscribirlo a su nombre, si desea figurar como titular del dominio, pero ese bien, para la ley, será de propiedad ganancial, si fue comprado con posterioridad al matrimonio.

Esta medida, que protege los derechos del cónyuge no titular, no sólo está dirigida a prevenir el fraude, sino también a preservar el patrimonio común del empobrecimiento que podría generar una actitud ligera, dolosa o imprevista de parte del cónyuge administrador.

Otro recurso que asigna la ley a una persona es la separación de bienes durante el matrimonio (art. 1294). Frente a la quiebra o a la mala administración del consorte, este artículo preserva los derechos del consorte.

## Una historia real

*Norma afrontaba varios motivos de angustia al mismo tiempo, cuando pidió la consulta con una abogada de confianza.*

*Por un lado, acababa de descubrir que Miguel, su marido, mantenía una relación extramatrimonial. Si bien la aventura no parecía poner en jaque su matrimonio, en principio implicaba una falta de franqueza que debía tomarse en cuenta.*

*Pero no era esto lo que más la perturbaba, sino sus dudas y sospechas sobre movimientos patrimoniales extraños que veía hacer a Miguel. Sabía que su esposo había sido muy exitoso en los negocios. Pero, de un tiempo a esa parte, veía que se venía achicando, a través de ventas de inmuebles; se había separado de un socio de la empresa en la que ocupaba la mayor parte de su tiempo...*

*También comprendía que la situación económica general no era buena (acababa de terminar la "hiperinflación"). Pero el socio de Miguel no se había desprendido de su parte en la empresa. Por el contrario, había comprado. Y ese socio era tan lúcido como Miguel. ¡Nada le hacía presumir que estuviera haciendo un mal negocio!*

*Lo que veía de su esposo no le gustaba nada. Pero no sabía qué decisión tomar. ¿Callaba y hacía como si nada hubiera sucedido? ¿O "pateaba el tablero"?*

El problema principal de Norma era que no tenía fondos propios. Sabía que, iniciada una demanda, Miguel escatimaría al máximo posible los aportes de dinero a la casa. ¡Y ellos tenían un excelente nivel de vida, que no se podía afrontar con un simple sueldo promedio que ella saliese a ganar!

Analizada la cuestión, se vio que, con lo que el juez pudiese fijar como alimentos provisorios y los gastos básicos del juicio (que se denominan *litis expensas*) Norma no podría mantener el elevado nivel de la familia.

El equilibrio era delicado. Norma planteaba que, por las buenas, Miguel nunca la dejaría en la calle. Pero si ella se decidía a "atacar", de alguna forma, las consecuencias serían terribles.

En este punto, entran en juego las convicciones personales de los protagonistas. Hay quienes, en una situación así y con una política de muy bajo perfil, consiguen mantener determinados beneficios a lo largo del tiempo.

Claro que esta política también acarrea determinados inconvenientes. En principio, ser cómplice voluntario del propio engaño implica cierta negación de la propia dignidad que puede terminar por escaparse de las manos. Como planteaba Bertolt Brecht, "hoy vinieron a buscarme, pero ya es tarde".

En una guerra sorda y clandestina, es muy posible que uno de los contendientes crea que lo importante es ganar una batalla cuando, en realidad, lo que realmente importa son las consecuencias a mediano o largo plazo.

Por ejemplo, alguien en la situación de Miguel puede prometer a su esposa una solución aparentemente satisfactoria, pero con la condición de que "no quiere abogados". O si no, puede decirle: "Con mi abogado, va a costar mil pesos, que yo voy a costear. Si cada uno tiene su propio abogado, va a costar mucho más caro, y entonces vos serás responsable de nuestra desgracia económica".

A nadie le gusta sentir que está generando mayores gastos que los necesarios, por una actitud caprichosa o irracional. La mayoría de las veces se aprende, tardíamente, que tener un abogado propio y de toda confianza hubiera sido imprescindible.

Frente a una negociación de estas características, Norma podría tener en cuenta ciertos principios básicos. Por ejemplo: no negociar cuando el contendiente impone condiciones de fuerza o formula propuestas irracionales.

Cuando el diálogo se refiere a un divorcio, en el marco

de una pareja con hijos en común, hay que tener en cuenta que el contendiente es alguien que seguirá perteneciendo al círculo de interrelaciones, al menos hasta que los hijos sean mayores de edad.

Si desde el comienzo, se adopta una actitud excesivamente laxa, el otro puede "tomarle el tiempo". Y luego se volverá mucho más difícil lograr un cambio de frente.

Finalmente, luego de asesorarse, Norma decidió presentar una demanda de divorcio con mucho vigor. ¿Para qué? Para lograr varios objetivos al mismo tiempo:

- Ponerse en una situación de mucha más fuerza y prestigio frente a su marido.
- Demostrarle que no le teme.
- Eventualmente, desenmascarar fraudes y ocultamientos (lo cual era muy posible, en el ámbito socioeconómico de Miguel).

Por supuesto, cuando Miguel se enteró de la demanda, exhibió las reacciones típicas:

- "¿¡Cómo me hacés esto a mí!?"
- "Arreglemos todo esto entre nosotros, porque, evidentemente, tu abogada te llenó la cabeza."
- "Te vas a arrepentir y te vas a quedar en la calle."
- "Por culpa de lo deprimido que estoy, ando perdiendo plata todo el tiempo."

Norma siguió adelante, hasta que llegó a una negociación que resultó razonable, no en relación con el patrimonio real (ya que ése nunca se encontraría), sino al que podía, eventualmente, llegar a probar.

## El ocultamiento patrimonial como síntoma, ante el divorcio

En muchas situaciones, detrás de una cierta apariencia económica, se esconde una realidad muy diferente. Una de las conductas que adoptan ciertos hombres que van a divorciarse es ocultar una parte (o todo) del patrimonio.

Para ello, se valen de algunas de estas actitudes:

- Niegan la existencia de activos.
- Transfieren activos a un tercero.
- Informan a la esposa que el activo fue disipado, mal invertido, etcétera.
- Crean deudas falsas.

Pero, para agravar las cosas, durante la etapa de divorcio se produce otra situación paradigmática, y es que ninguno de los cónyuges le cree nada al otro.


## La protección frente a las deudas

*En los albores de mi vida profesional, fui a pedir fecha a un oficial de Justicia, para trabar un embargo a la casa del firmante de un pagaré. Cuando el oficial dispuso que fuera a las siete y media de la mañana, tuve la sensación de que se trataba de una oscura venganza contra mí. Por algún motivo que ignoraba, creía que el oficial utilizaba todo su poder para vencer, por una vez, mis costumbres noctámbulas.*

*Sin embargo, cuando practiqué la diligencia del embargo, sospeché que no era así, y que el oficial conocía algo más de la familia del deudor, que hasta ese momento no había dicho. Porque nunca en la vida vi a alguien tan interesado en evitar que su esposa despertara, como aquel deudor.*

*Como no pudo cumplir sus promesas de pago, al tiempo volví a visitarlo, también a las siete y media de la mañana, pero hice tanto ruido, que su esposa, finalmente, se despertó.*

*Se despertó en más de un sentido.*

*Porque esta señora ignoraba absolutamente las deudas del marido, muchas de las cuales tenían su origen, como me enteraría después, en su compulsión al juego.*

*Una semana después, recibí la visita de la esposa, quien abonó la totalidad de la deuda con dinero que le había prestado su padre (el suegro del deudor), como paso previo a encarar el divorcio. Su formación le impedía estar con un hombre incapaz de cumplir con sus obligaciones; a la sazón, aun sabiéndose perjudicada en lo económico (porque no estaba legalmente obligada a cubrir las deudas de su marido), hacía lo que su conciencia le indicaba, para vivir más tranquila y dar un buen ejemplo a sus hijos.*

## Discriminación versus igualdad irracional

Ya que hablamos del dinero y el patrimonio, así como el machismo condescendiente y despreciativo resulta violento para la mujer, en la medida en que niega sus derechos y sus aptitudes fundamentales, la contracara de tal discriminación consiste en reclamar una igualdad irracional, no reconocer las diferencias (por ejemplo, de formación cultural) y exigir a las mujeres determinado rendimiento para el cual no están entrenadas, todo esto con el ánimo de esquivar responsabilidades propias.

Este sería, cabe pensar, el último ardid de un machismo en retirada. Y uno de los temas en los cuales actúa con mayor crudeza es el manejo del patrimonio.

## La mujer sola frente al dinero

Hombres que salían al mundo a trabajar, señoras que se quedaban en el hogar con los chicos...

Si la mujer supera los 35 años, es probable que haya recibido, en su etapa de formación, mensajes muy estructurados y rígidos, como los que se veían en la televisión hasta entrada la década del 70.

Si bien la mujer no había salido masiva y explosivamente a ocupar su lugar en el mercado laboral, como haría en los años siguientes, seguramente el planteo de esos espectáculos televisivos tampoco reflejaba la verdad.

Obviamente, en la cultura de las últimas décadas es común la imagen de la mujer empleada, comerciante o profesional. Pero esta incursión sólida en el mundo del trabajo no se ha visto acompañada, hasta ahora, de un lugar del saber igualmente sólido en el manejo de las finanzas, donde se la ve mucho más insegura e inconsciente de su propia capacidad.

Esta falta de experiencia en la autonomía financiera se entronca con instintos atávicos de protección al hogar y a la vida, y configura un perfil inversor mucho más cauto, motivado en el temor a las pérdidas o en la perspectiva de la preservación, en contra de los estereotipos que asocian a la mujer con el derroche o la falta de conciencia sobre el valor del dinero.

Generalmente, cuando una mujer se divorcia o enviuda, uno de sus primeros temores es no poder subsistir. Tal vez por esto, sus actitudes en materia de planificación financiera suelen ser bastante conservadoras.

Y también, muchas veces, en caso de conflictos (acaso por este mismo temor a perder lo que valora), busca asesoramiento antes que el marido para "hacer justicia" y proteger lo que ha luchado por conseguir.

En los dos casos siguientes, la intervención de las esposas ante una situación de injusticia y su búsqueda oportuna de asesoramiento les permitieron accionar sobre el patrimonio, para resguardar lo que le correspondía.

## Como en las películas, pero en serio: un caso de violencia familiar

A veces la mujer busca asesoramiento por otra clase de injusticias, y termina accionando para proteger su patrimonio.

Esta es la historia de Susana y de su marido golpeador.

*Nacho es el gracioso del grupo. Siempre contento y jovial, nunca falta su voz potente contando algún chiste en el café, que los demás festejan a carcajadas. Maridos y esposas se conocen desde hace mucho tiempo. Todos llevan años viviendo en el barrio.*

*Nacho fabrica envases para medicamentos de varios laboratorios. Ha montado una pequeña empresa a tres cuadras de la casa, sin duda próspera, porque el trabajo no le falta y lo sabe hacer bien. Cuando sale, pasa por el café a charlar un rato, antes de ir a su casa, donde vive con Susana, su segunda esposa, y sus dos hijos varones, José Luis y José Antonio.*

*Susana lo conoció hace diez años, cuando él recién había llegado de Caleta Olivia, divorciado de su primera mujer y sin hijos. Se casaron enseguida, y al poco tiempo supo (o imaginó) por qué podía haber terminado su matrimonio anterior; detrás de su fachada desenvuelta y bromista, Nacho es un hombre inseguro, de muy mal genio y violento: un pegador. Pero muy astuto, porque nunca le deja marcas.*

*Dos o tres veces por mes, Susana debe soportar palizas e insultos sin motivo, siempre cuando los niños duermen. A veces se pone a pensar: ¿No tendrá razón él? ¿No será ella la que lo provoca? Las pocas veces que cuenta algo, ve en la mirada de los demás un chispazo de duda. Claro, Nacho es tan simpático y sociable. ¿Quién va a creerle a ella?*

*En el barrio, las mujeres de los amigos les dicen a éstos, en voz baja: "Nacho le pega a Susana". Y ellos contestan, irritados: "Qué le va a pegar... Son cosas de ella, que inventa. Nacho es un fenómeno. ¿Cómo podés prestar oídos a esas cosas?...".*

Al mes, Nacho suma un premio de la quiniela a un préstamo que obtiene en un Banco y compra una máquina de enorme valor para su empresa. Cuanto mejor le van las cosas, más la maltrata a Susana, física y verbalmente.

Un día, a raíz de un comentario de los niños, la cita la directora de la escuela y, desarmada, Susana opta por contarle la verdad.

La mujer la pone en contacto con la asistente social del distrito escolar, quien, a su vez, la deriva a un tratamiento psicológico y a una abogada especialista en temas de violencia familiar.

Al principio, ninguna de las dos cosas le resulta fácil. Mil veces quiere dejar el tratamiento. Mil veces le explica a su abogada que ella no entiende nada de bienes ni de ingresos. Pero sabe que Nacho no va a cambiar sino, en todo caso, empeorar, así que decide ser ella la que inicie los cambios. Para alentarse, piensa en los chicos.

Consciente de que le va a ser muy difícil demostrar las palizas, después de un incidente violento con Nacho grita más de la cuenta, para que la oigan los vecinos, y luego se provoca moretones deliberados en todo el cuerpo. "Seré una mosquita muerta", piensa, "pero un día me va a matar, así que no tengo más remedio."

La decisión le duele, pero, finalmente, se da cuenta de que es el único camino posible: en compañía de su abogada, va a la comisaría y hace la denuncia. Inmediatamente después, inicia la acción de divorcio, y solicita al juez la inmediata exclusión de Nacho del hogar conyugal.

He aquí otro caso muy común de violencia familiar, con elementos casi arquetípicos.

En esta oportunidad, el buen asesoramiento, tanto en materia terapéutica como legal, le permitió a Susana llevar a buen puerto un asunto que, en muchas ocasiones, termina de una manera muy distinta: con la impunidad del pegador y el desamparo de la mujer golpeada.

¿Qué consiguió Susana? En primer lugar, su divorcio, que tardó un buen tiempo, pero, como en menos de un mes logró la exclusión del hogar para el marido violento, el beneficio se hizo sentir muy pronto, ya que, durante el proceso, ella se vio a salvo de los golpes en el seno del hogar.

En segundo lugar, el juez dispuso la presencia de un interventor en la empresa, para revisar y asentar cada movimiento de bienes, créditos y deudas.

Como Nacho sabía que no podría seguir trabajando en esas condiciones de intervención mucho tiempo más, porque le resultaba humillante e insoportable, en un momento se vio obligado a negociar el divorcio, el régimen alimentario y la división de bienes en términos muy ventajosos para Susana.

## Ni platos rotos, ni gritos ni nada

Hay hombres que, al divorciarse, le dejan "todo" a la esposa, a cambio de verse liberados de la obligación de los alimentos.

Pero esta opción, asentada como cláusula, no es válida, ya que los alimentos se pueden reclamar en cualquier momento y son una prestación periódica, que sólo excepcionalmente puede convertirse en un pago único.

En estos arreglos, además, se produce un fenómeno interesante, y es que ambos ex cónyuges apelan, todo el tiempo, a la culpa del otro.

Es, al menos, lo que se vislumbra en el siguiente caso.

*Cynthia tiembla y fuma sin parar, esa tarde de febrero, mientras cuenta a un abogado el comienzo del fin de su matrimonio. De la médica inteligente y segura que ella ha sido, sabe que queda muy poco. ¿Qué la ha hecho desmoronarse así?*

*Por un lado, la rapidez con que todo se vino abajo. Después de veinte años de convivencia con Ariel, un día se dio cuenta de que estaba al lado de un desconocido.*

*—Desde ese día, no paro de fumar... —le cuenta por se-*

gunda vez al abogado—. Hasta ese día, juro y rejuro que todo andaba lo más bien. No puedo entender...

El abogado la ha dejado balbucear durante diez minutos. Siente que es hora de guiar el relato. —¿Qué fue lo que le sucedió "ese día"?

—Ariel se apareció un sábado a la tarde en casa. Venía de la oficina. Se sentó en el balcón, con el saco todavía puesto. Dejó las llaves sobre la mesa, me miró. Sacó un cigarrillo, y yo me asusté. "Qué pasó", le pregunté. Y sacudió la cabeza, muy callado, y me dijo "No, nada. No sé muy bien qué me pasa. Ando en crisis...". Yo le saqué un cigarrillo del paquete y me senté contra la reja del balcón a fumar, mirándolo, mientras un frío me corría por la espalda. "Voy a necesitar un tiempo para pensar. Siento que está todo mal, y no sé por dónde empezar. No es algo con vos, es conmigo, pero tengo que 'darle bola' a esto que me pasa. No me hallo acá, no me hallo."

Alguna vez, le cuenta al abogado, habían visto juntos la película La guerra de los Roses, de Danny de Vito. Ninguno de los dos podía creer que un amor terminase en semejante estrago. Evidentemente, el suyo era otro estilo, porque ese día, en el balcón, no hubo gritos ni platos rotos, ni emociones fuera de control.

Apenas esas frases incoherentes y deshilvanadas de Ariel. Ella tenía formación científica: los efectos eran producto de causas. En su horizonte, no cabía que un matrimonio de veinte años se terminase simplemente porque uno de los dos, un buen día, percibía que "no se hallaba".

—¿Hay otra mujer? —cumplió en preguntarle, y se horrorizó al oír que su voz sonaba como cuando, en el consultorio, le preguntaba a un paciente, "¿Tiene calambres al acostarse?" —Dijo que el tema no pasaba por otra mujer, pero yo igual no le creí —le cuenta al abogado.

Tardó tres semanas en reconocer que Ariel le estaba pidiendo el divorcio en forma irreversible.

Cynthia es una mujer muy reservada. Odia saber que su vida, de pronto, ha cobrado estado público y que una procesión de parientes, amigos y abogados se sienten con derecho a preguntar, aconsejar, sugerir estrategias.

—*Una abogada de la clínica me ha sugerido que simule una pelea, con golpes, para hacerme revisar por el médico forense y acusarlo a Ariel de agresiones físicas. Y me dijo que me cuide también, porque a lo mejor él simulaba primero los golpes y me acusaba a mí de querer matarlo, para sacarme la tenencia de los chicos... La verdad, el consejo de esta profesional no me tranquilizó ni me pareció muy convincente. Pero desde ese día, me siento totalmente desamparada y expuesta.*

—¿*A qué?*

—*Es que no tengo ninguna información sobre lo más importante de mi vida, que es mi propia familia. Justamente porque éramos un matrimonio tan bien... tan bien avenido, descansé siempre en la capacidad de organización de Ariel. Siempre le rehuí a las divorciadas. Ahora me pasa esto y no sé qué peligros corro, de qué me tengo que defender...*

En principio, una crisis matrimonial no es un buen momento para leer un libro sobre pareja y patrimonio. Conocer otras historias no garantiza que uno vaya a tomar las medidas más apropiadas en su propia vida.

Las decisiones adoptadas durante una crisis suelen verse afectadas por una marea de sentimientos poco confiables: bronca, inseguridad, dolor por la pérdida, conmoción... Y en medio de todo esto, una suerte de urgencia por resguardar el patrimonio que se considera propio, y mejorar la posición de uno ventajosamente, con respecto a la del ex cónyuge, que ahora pasa a ser un contendiente.

Justamente porque ambos miembros de la pareja son distintos, las formas de responder a las crisis no son las mismas. Una de las partes puede verse sorprendida, como Cynthia, y no la otra, que tal vez cree tener mayor control sobre los hechos, por ser la que los inicia.

En general, cuando existe una acción premeditada de parte de uno de los cónyuges, la sorpresa va a sufrirla el otro. Muchas veces, cuando hablamos de "sorpresa" no sólo es en el contexto de un asalto a las emociones. El azoramiento de alguien deja la puerta abierta para que, en el terreno patrimonial, esa persona también sea "sorprendida en su buena fe".

Por eso, es tan importante conocer los derechos de cada uno desde un principio y, no, salir a descubrirlos en el momento en que algo sucede y la ignorancia nos deja desarmados.

*—¿Qué otras cosas posee usted y no quiere perder, además del vínculo matrimonial y la tenencia de sus hijos? —le pregunta el abogado.*

*Se entera de que Cynthia vive con Ariel y sus dos hijos en una casa grande, inscrita como bien de familia.*

*Ella, además de ser jefa de guardia de una clínica oftalmológica, ejerce la profesión en un consultorio que le regalaron sus padres cuando todavía era soltera. Hace apenas un año, invirtió mucho dinero en refaccionar el consultorio y cambiar los equipos y el instrumental óptico.*

*A su vez, Ariel es dueño del fondo de comercio de un importante taller con sucursales, donde se reparan y venden controles remotos y aparatos de TV y audio.*

*Cynthia tiene un auto a nombre de ella.*

*—Vendió el auto que tenía y puso el "0 km" a mi nombre, por razones impositivas. Pero lo que hoy vale el auto, si tengo que venderlo, no alcanza para pagar el saldo de las cuotas que todavía quedan por pagar.*

Muchas veces, los fraudes se ponen en evidencia en ocasión del divorcio o, al revés, son causal de divorcio cuando, fortuitamente o no, quedan al descubierto.

Pero, de todas formas, es durante el matrimonio cuando se perpetran las situaciones que, inadvertidamente, afectan el patrimonio y la confianza de uno de los cónyuges.

# CAPÍTULO XXI

# Planes
# y metas de la pareja

Hoy, más que nunca, todo lo que atañe a la vida en pareja merece planificación, es decir, la identificación de las metas que cada uno se propone lograr, y el diseño de los caminos más adecuados para llegar a ellas.

A su vez, si cada uno sabe lo que se propone, resulta más fácil hacerlo compatible con los planes del otro o, al menos, saber cuáles son los aspectos de la realidad y de los sueños que no se habrán de compartir.

Porque en la pareja se pueden reconocer y realizar tanto objetivos compartidos, como metas personales de cada integrante.

Compatibilizar los propósitos distintos es uno de los desafíos más complejos y laboriosos de la vida en común, y una de las claves para el éxito de la pareja.

La planificación no sólo es necesaria en los comienzos de la convivencia, sino a lo largo de todas las etapas del matrimonio. Entre otras cosas, permite efectuar un lúcido cambio de rumbo cuando la marcha no es satisfactoria o, incluso, minimizar las consecuencias de una separación, cuando ésta es inevitable.

## ¿En qué consiste planificar?

La planificación no es algo tangible. No se vende por metro, ni por kilo ni por litro.

En cambio, es un verdadero proceso, que se basa en:

- detectar necesidades y deseos;
- fijar metas y objetivos;
- trazar el camino para satisfacerlos;
- ejecutar las conductas adecuadas;
- evaluar el cumplimiento de las metas fijadas...
- ...y volver a empezar.

Por lo general, toda planificación implica una visión orientada a prever circunstancias que han de ocurrir en el futuro, y a prevenir conflictos y consecuencias indeseables.

Digamos que consiste en "llegar antes", en "anticiparse" (del latín, *prevenire*), para evitar resultados no deseados. Por ejemplo, prevenir un litigio costoso. ¿Cómo? Tratando de no dar lugar a reclamos por parte del eventual contrincante.

La previsión supone imaginar o representar mentalmente una circunstancia que ocurrirá en el futuro, y adoptar los mecanismos adecuados para actuar en función de dicha expectativa. Por ejemplo, resulta posible prever el retiro y, por lo tanto, adherirse a algún plan para optimizar los beneficios que se pueden recibir.


## ¿Y si lo arreglamos con alambre?

Así como se habla de una "viveza criolla", la sabiduría popular asigna a los argentinos una ventaja comparativa respecto del resto del mundo: somos excelentes improvisadores, capaces, como cuenta Carlos Fontanarrosa en uno de sus más excelsos cuentos, de arreglar con un alambrecito un desperfecto de una nave espacial.

Frente a una realidad cambiante, los argentinos aprendimos, quizá como ningún otro pueblo, las técnicas más sofisticadas de la improvisación.

Es que, como también dice el gran observador rosarino, en el título de una de sus obras teatrales, "Uno nunca sabe".

Si "uno nunca sabe", no se puede hacer nada en relación con el futuro. Simplemente, estar atentos... y con un alambre siempre a mano (¿será por eso que tantas ferreterías atienden al público sábados y domingos?).

Detrás de la falta de planificación se esconde un enorme temor a cuantificar pérdidas: si no fijamos metas, no podemos medir cuánto nos faltó para alcanzarlas. No podemos, por lo tanto, determinar si perdimos tiempo, si equivocamos el camino o si, como dice el tango, "nos faltó piolín".

Pero este recurso criollo para no angustiarse esconde una enorme desventaja: si no tenemos metas claras, tampoco podemos saber cuándo llegamos; ni siquiera, si realmente lo hemos hecho. En otras palabras, la falta de metas es causa de insatisfacción permanente.

## Los enfoques de la planificación

Planificar no significa perder naturalidad ni renunciar para siempre a los encantos de la improvisación.

Al contrario: cuantos más claros son los objetivos centrales y las grandes líneas que hay que recorrer, mayor libertad podemos darnos para atravesar el camino, y responder a cada impulso tal como se presenta.

Es posible emprender una actividad de planificación desde diversas perspectivas. Entre ellas, desarrollamos algunas que guardan relación con la pareja y el patrimonio:

- ## PLANIFICACIÓN FINANCIERA

Es el proceso que permite a las personas y empresas tomar las mejores decisiones financieras a largo plazo, con adecuado asesoramiento profesional.

¿Cuál es su objetivo? El crecimiento de los activos financieros, con vistas al largo plazo. Si bien no se ha desarrollado mucho en otros países, también es planificación financiera el achicamiento de los pasivos financieros, con vistas al largo plazo.

La actividad de planificación financiera se basa en una premisa: para lograr objetivos financieros inteligentes, es necesario contar con asesoramiento experto y neutral. A su vez, el profesional planificador debe trabajar sobre la base de un compromiso ético: priorizar las necesidades del cliente frente a sus propios intereses y objetivos.

En la Argentina, la planificación financiera no ha tenido, hasta ahora, mucha aplicación práctica. Recordemos que nuestro país viene de períodos de inflación galopante y de bruscos cambios en la economía. Esto consolidó en la gente una actitud "cortoplacista", tendiente a lograr sólo objetivos inmediatos.

La realidad de los jubilados argentinos, quienes no pueden subsistir con aquello que el Estado les paga, demuestra cabalmente la despreocupación de la sociedad por los objetivos de la previsión.

Ahora bien, el hecho de que las cosas se hayan desarrollado de manera equivocada no significa que, en el futuro, se deban mantener igual. En este momento, existen numerosas herramientas legales y financieras que permiten dividir los riesgos, diseñar escenarios de futuro para mejorar las estrategias y contar con un nivel de información idóneo para tomar las mejores decisiones.

Obviamente, en todos los campos la experiencia y la acumulación del saber terminan por generar una especialización; por eso, el asesoramiento debe ser experto: no basta con la sola lectura de la sección económica de los diarios.

Tampoco es conveniente atarse, irreflexivamente, a las

recomendaciones de quienes, por trabajar exclusivamente para una compañía, no poseen la independencia necesaria para brindar un asesoramiento acorde con las necesidades de su cliente.

Muchas veces ocurre que quienes se denominan "asesores financieros" o, incluso, "planificadores financieros" son sólo vendedores de productos determinados (fondos de inversión, seguros de vida) cuyo verdadero interés no reside en asesorar adecuadamente, sino en aumentar las ventas para ganar mejores comisiones.

Lo que podemos aseverar, sin temor a equivocarnos, es que la estabilidad y la globalización económicas van a dar auge a profesionales expertos en asesorar objetivamente a sus clientes en los siguientes aspectos:

- cuáles son sus objetivos para el futuro,
- cuándo tienen pensado retirarse,
- cuánto riesgo quieren tomar con sus inversiones,
- qué estilo de vida buscan,
- qué clase de educación quieren para sus hijos.

- ## PLANIFICACIÓN PATRIMONIAL

La planificación patrimonial alude a las decisiones que uno o más sujetos deben adoptar con respecto a la titularidad de los bienes, especialmente en relación con conflictos conyugales y/o reclamos de acreedores.

La cuestión más delicada y difícil de hablar, en una relación afectiva, es que toda pareja finaliza alguna vez, ya sea por separación, por muerte de alguno de sus integrantes o de ambos en forma conjunta.

Las circunstancias que ponen fin a una pareja no pueden analizarse en forma global y única, sino que merecen un tratamiento determinado y específico: no son iguales las herramientas necesarias para planificar la hipótesis de que una pareja concluya a causa de un divorcio, que por fallecimiento.

Si bien resulta muy alto el porcentaje de matrimonios que terminan en divorcio, el fallecimiento de uno de los cónyuges sigue siendo la principal causa de terminación del vínculo.

La muerte de uno de los miembros de la pareja provoca consecuencias que se pueden prever y prevenir.

Esta postura no significa ser "fúlmine" ni convocar a la muerte: simplemente, se trata de adoptar medidas de previsión frente al futuro y de prevención ante los conflictos, que permitirán vivir más tranquilos a todos. Y "todos" son, no sólo los miembros de la pareja, sino también sus hijos en común o los hijos de cada uno, y los padres de ambos.

La planificación sucesoria abarca campos confluyentes con la planificación financiera (en cuanto toma en cuenta las inversiones a largo plazo y los seguros) y con la planificación patrimonial (en particular al concebir la distribución del patrimonio entre los herederos y el establecimiento de legados), pero agrega en su campo de acción cuestiones no patrimoniales, tales como:

• la previsión de la tutela de los hijos menores en caso de fallecimiento de sus padres;
• la donación de órganos;
• el reconocimiento de hijos extramatrimoniales;
• las instrucciones personalísimas respecto de la prolongación de la vida por medios artificiales;
• la sucesión del poder en una empresa o en un proyecto.

## Diferentes objetivos, distintos resultados

*Mauro vive con Elisa desde hace diez años. Cada uno de ellos tiene un hijo varón de sus respectivos matrimonios anteriores: el hijo de Elisa vive con ellos, en tanto que el hijo de Mauro vive con la ex esposa.*

*Cuando Mauro y Elisa empezaron a convivir, muchas parejas encaraban su casamiento después de años de interdicción, debido a que antes no se admitía el divorcio vincular. Por lo tanto, muchas veces les preguntaron si ellos no harían la "conversión" de sus respectivas separaciones personales en divorcio vincular, para poder casarse.*

*En ese momento, la relación era demasiado reciente como para tomar semejante decisión.*

*Después, a medida que fue pasando el tiempo, dejó de hablarse sobre el divorcio vincular en las reuniones sociales: todos los que lo sentían como una "asignatura pendiente" ya lo habían hecho, y los otros, preferían no tocar el tema.*

*Así fue como, durante mucho tiempo, Mauro y Elisa continuaron la convivencia sin demasiados cuestionamientos, hasta que, en 1995, viajaron al exterior, y tomaron contacto con expertos en Planificación.*

*Fue entonces cuando tomaron conciencia de que no gozaban de la mínima protección mutua necesaria.*

*Al plantearse las alternativas posibles, Mauro fue muy sincero: "Yo quiero que vos estés totalmente protegida, frente a la eventualidad de que yo me muera joven, pero, al mismo tiempo, no me gustaría que pases a ser copropietaria de mis bienes, porque, si un día nos llegáramos a separar, no quisiera enfrentar una batalla para recuperar lo que es mío".*

El planteo de Mauro da lugar a opiniones divergentes: muchos pueden decir que, después de diez años de convivencia, el patrimonio no es exclusivamente de Mauro, sino que es *"como si fuera"* ganancial. Otros dirán que, en el sistema legal argentino, si no hay matrimonio no hay bienes "gananciales", por lo que Elisa no puede pretender nada más que lo que Mauro esté dispuesto a conceder.

Lo que, evidentemente, se plantea en este caso es que las metas por lograr, en relación con el patrimonio, pueden ser totalmente contrapuestas en función de cada hipótesis que se maneje: una cosa es prever el fallecimiento, en el marco de una relación armoniosa, y otra cosa muy distinta es prever una separación. Porque, en el primer caso, lo más común es desear el máximo de protección y beneficio para el compañero o la compañera, y, en la segunda hipótesis, la expectativa más frecuente es que el otro, aun en el marco de la ley, reciba lo menos posible.

Este tipo de deseos, más allá de si son justos e injustos, constituyen una realidad que se reitera en muchas parejas.

Por eso una buena Planificación, en el marco de la pareja, debe contemplar la certeza de la muerte y la posibilidad de la separación.

Un plan que refleje los deseos y las expectativas de cada uno aumentará la sensación de libertad, y ayudará a ambas partes a vivir mejor.

# Epílogo

"Apártate del camino de la Justicia. ¡Es ciega!"
Con su humor habitual, Mark Twain puso en palabras lo que muchos, desde su propia experiencia, han pensado o sentido alguna vez.

Con otro enfoque, un gran maestro del Derecho y de la vida, el jurista uruguayo Eduardo Couture, ha sabido expresar en pocas palabras cuál es la función de la ley respecto a las relaciones de familia. Sus reflexiones, me parece, constituyen el colofón adecuado para el camino que, juntos, hemos venido recorriendo.

## La parábola de la boda

*El juez requirió a los contrayentes. Los colocó delante de sí e inició la ceremonia. Leyó unas páginas de rutina; luego, ciertas disposiciones legales, recogió sus manifestaciones de asentimiento y luego, con grave y serena voz, extraída como de las reservas de su debilidad, los declaró, en nombre de la ley, unidos en matrimonio legítimo.*

*Hecho esto, añadió:*

*—¡Qué extraña sensación! Pronuncio hoy estas palabras con la misma emoción con que las pronunciara hace cuaren-*

ta años, un día en que por primera vez, vacilante y tembloroso, autoricé el primer matrimonio. Y, sin embargo, ¡cuánto ha cambiado!

"Antes creía que el matrimonio que yo autorizaba en nombre de la ley era la consagración de un deseo común, definitivo. Hoy he aprendido que renace cada día: un sucesivo desposorio, renovado cada mañana, que se vivifica y es renovación cotidiana.

"Creía entonces que las obligaciones entre marido y mujer estaban instituidas en la ley. Pero luego he aprendido que esas obligaciones se forjan en la conciencia moral de cada uno de los esposos, donde la ley no puede penetrar. Si allí no se forjan, no nacerán aunque la ley lo mande; y si se forjan por sí solos, de nada vale que la ley lo mande.

"Creí al comienzo que el marido debe protección a su mujer y la mujer obediencia a su marido. Hoy también lo creo. Pero, ¡cuántas tribulaciones, cuántas penas y dolores, sólo se pueden sobrellevar si el marido presta obediencia a la mujer, y la mujer, protección a su marido!

Y concluyó:

—No creáis, jóvenes desposados, que todas estas reflexiones tienen consigo una carga demasiado grave de pena. Son las cosas que he visto vivir; acaso, las cosas que he visto sobrevivir a través del vivir.

Fue entonces cuando el novio se atrevió a interpelar:

—¿Pero no es eso escepticismo del Derecho? ¿No es eso una renuncia a la ley en nombre de la cual usted acaba de autorizar nuestra boda?

—No —concluyó el juez—. Es ésta la grandeza de la ley. Sin ella, esas penas serían mucho más graves, y las tribulaciones, más profundas. Pero la ley no crea la felicidad; ni puede impedir que huya el amor. La grandeza de la ley, y su victoria, consisten en que, frente a la fuga del amor, ella trata de retener en nuestras manos, una parte de aquellos bienes que el amor traía consigo...

Extraído de COUTURE, Eduardo:
*El arte del Derecho y otras meditaciones*

# Bibliografías
# y lecturas sugeridas

*Para quienes tengan interés en profundizar la lectura de los aspectos tratados en este libro, transcribimos la bibliografía utilizada y sugerimos lecturas afines.*

ANDERSON, Elaine J.: *The Single Person's Guide to Buying a Home*, Betterway Books, Cincinnati, Ohio, 1993.

ARMSTRONG, Alexandra y Mary R. DONAHUE: *On your Own*, Dearborn Financial Publishing, Inc., Chicago, 1996.

AZPIRI, Jorge O.: "La sociedad en comandita por acciones constituida entre cónyuges" (nota a fallo), La Ley, Buenos Aires, tomo 151, pág. 275.

BARRETAVEÑA, F. A.: *El matrimonio civil*, Colección de Tesis, Derecho Civil, Buenos Aires, 1884.

BECKER, Gary: *Tratado sobre la familia*, Alianza Universidad, Madrid, 1987.

BELLUSCIO, Augusto César: *Manual de Derecho de Familia*, Ediciones Depalma, Buenos Aires, 1974.

BIENEMAN, James N.: A *Guide To Total Planning in the Family and Owner Managed Business*, Horwath International, Nueva York, 1997.

BOSSERT, Gustavo A.: *Régimen jurídico del concubinato*, Editorial Astrea, Buenos Aires, 1990.

BOSSERT, Gustavo A. y Eduardo A. ZANNONI: "Manual de Derecho de Familia", Editorial Astrea, Buenos Aires, 1991.

Comisión III (Régimen económico de la familia) del "X Congreso Internacional de Derecho de Familia": "El Derecho y los nuevos paradigmas", Mendoza, 20 al 24 de setiembre de 1998.

COUTURE, Eduardo J.: *El arte del Derecho y otras meditaciones,* Fundación de Cultura Universitaria, Montevideo, 1991.

DOBSON, Juan M.: *El abuso de la personalidad jurídica,* Depalma, Buenos Aires, 1991.

DUTTO, Ricardo J.: *Divorcio y separación personal (Jurisprudencia temática),* Editorial Juris, Rosario, 1996.

*Enciclopedia Jurídica Omeba,* Tomo XIX, Editorial Bibliográfica Argentina, Buenos Aires.

FANZOLATO, Eduardo I. y Horacio ROITMAN: "Quiebra del cónyuge", en Derecho de Familia Patrimonial, Editorial Rubiuzal Culzoni, Santa Fe, 1996.

FONTANARROSA, Carlos: *El mundo ha vivido equivocado y otros cuentos,* Ediciones de la Flor, Buenos Aires.

GALLINO, Eduardo, "Convenciones matrimoniales", en *Revista Notarial,* La Plata, Año 86, N° 850, 1980, pág. 1001.

GARDNER, Richard A.: *The Parents Book About Divorce,* Bantam Books, Nueva York, 1991.

GERSICK, Kelin E.; DAVIS, John A.; McCOLLOM HAMPTON, Marion e Iván LANSBERG: *Generation to Generation,* Harvard Business School Press, Boston, 1997.

GIBERTI, Eva; CHAVANNEAU DE GORE, Silvia y Ricardo OPPENHEIM: *El divorcio y la familia. Los abogados, los padres y los hijos,* Editorial Sudamericana, Buenos Aires, 1985.

GINEBRA, Joan: *Las empresas familiares,* Editorial Panorama, México, 1997.

GLIKIN, Leonardo J.: *Pensar la herencia,* Emecé Editores, Buenos Aires, 1995.

GUASTAVINO, Elías P.: *La quiebra y el bien de familia* en *Derecho de Familia Patrimonial,* Editorial Rubiuzal, Santa Fe, 1996.

HERNÁNDEZ, Lidia B. y Luis A. UGARTE: *Sucesión del cónyuge,* Editorial Universidad, Buenos Aires, 1996.

"Informe del comité para la eliminación de la discriminación contra la mujer", en Documentos Oficiales, suplemento N° 45, Naciones Unidas.

KEMELMAJER DE CARLUCCI, Aída: "La protección jurídica de la vivienda familiar", Editorial Hamunrrabi, Buenos Aires, 1997.

KEMELMAJER DE CARLUCCI, Aída: "Las deudas de una persona casada cuando se producen modificaciones en el régimen patrimonial del matrimonio", en *Derecho de Familia Patrimonial*, Editorial Rubiuzal Culzoni, Santa Fe, 1996.

KRISHEBAUM, Mira: *¿Me quedo o me voy? Cómo resolver el eterno dilema de las parejas*, Editorial Norma.

LEA, James W.: *La sucesión del management en la empresa familiar*, Ediciones Granica, Buenos Aires, 1993.

LEVAGGI, Abelardo: *Manual de Historia del Derecho Argentino*, Editorial Depalma, Buenos Aires, tomo II, 1991.

LLORENS, Luis: "La convención matrimonial. Los novios y la construcción o adquisición de la futura sede del hogar conyugal", en *Revista Notarial*, La Plata, año 90, N° 871, nov.-dic. 1983, pág. 1629.

LORENZETTI, Ricardo Luis: "Teoría general del Derecho de Familia: El conflicto entre los incentivos individuales y grupales", en *Derecho de Familia Patrimonial*, Editorial Rubinzal Culzoni, Santa Fe, 1996.

MATTERA, Marta R. y Silvia J. LENTINI: *Sociedad conyugal, jurisprudencia sistematizada*, Exequor, Buenos Aires, 1988.

MAZZINGHI, Jorge Adolfo: "Necesaria adecuación del régimen de bienes de la actual disciplina del matrimonio civil", en *Revista Notarial*, La Plata, año 95, N° 902, ene.-feb.-mar. 1989, pág. 177.

MENDEZ COSTA, Josefa: *Fraude entre cónyuges.*

MOLINARIO, Alberto D.: "La ley santafecina de matrimonio civil", en *Jurisprudencia Argentina*, Buenos Aires, 22 de agosto de 1967 y 2 de octubre de 1967.

MOSSET ITURRASPE, Jorge: *Negocios simulados, fraudulentos y fiduciarios*, tomos I y II, Ediar, Buenos Aires, 1975.

MOSSET ITURRASPE, Jorge: "Contratos entre cónyuges", en *Derecho de Familia Patrimonial*, Editorial Rubiuzal Culzoni, Santa Fe, 1996.

219

ORTEMBERG, Osvaldo D.: *La mujer y la ley. Divorcio, familia y Estado*, Editorial Biblos, Buenos Aires, 1995.

RICKARD, Jacqueline: *Complete Premarital Contrac-ting*, M. Evans and Company, Nueva York, 1993.

SALVAT, Romero del Prado: *Derecho Civil Argentino*, Parte General, tomo II, Tipográfica Editora Argentina, Buenos Aires, 1951.

SIMO SANTONJA, Vicente L.: *Regímenes matrimoniales, legislación comparada*, Editorial Aranzadi, 1991.

VIDAL TAQUINI, Carlos H.: *Régimen de bienes en el matrimonio*, Astrea, Buenos Aires, 1990.

WILSON, Carol Ann, "Divorce Settlement" Irwin Professional Publishing, Chicago, 1996.

ZANNONI, Eduardo A.: "El divorcio o la separación personal en razón de la separación de hecho preexistente de los cónyuges y la liquidación de la sociedad conyugal", en *Derecho de Familia Patrimonial*, Editorial Rubiuzal Culzoni, Santa Fe, 1996.

# Encuesta del autor

Su opinión sobre los temas relativos a *Matrimonio y Patrimonio* es muy importante, porque puede ayudar a encontrar mejores soluciones, frente a los problemas cotidianos.

He preparado una encuesta de ocho preguntas; quisiera invitarlo cordialmente a que la responda y dirija su respuesta a:

*CAPS*
*Consejo Argentino de Planificación Sucesoria*
*Asociación Civil*
Av. Corrientes 1515 - 4to. "B" (1042), Tel. 4371-9873,
Buenos Aires, Argentina.

Puede agregar, también, cualquier otra reflexión sobre estos temas que desee hacerme llegar.

Aprovecho la ocasión para agradecer, a cada uno de los lectores, su lectura atenta e interesada, su actitud participativa y su valiosa colaboración.

EL AUTOR

1. ¿Qué importancia asigna usted a las cuestiones patrimoniales dentro de los conflictos de la pareja?

a. Es el principal factor.

b. Es un factor que desencadena otras cuestiones afectivas.

c. No es importante, si hay amor.

2. ¿Cómo calificaría usted el nivel de diálogo con la pareja sobre cuestiones patrimoniales antes del matrimonio, en nuestro país?

a. Insuficiente; debería inculcarse un mayor diálogo previo.

b. Suficiente; no creo que sea necesario hablar más.

3. ¿Cree usted que en nuestro país se informa debidamente a los futuros contrayentes el nuevo régimen patrimonial que regirá en sus vidas a partir del matrimonio?

a. No. Creo que las instituciones o el Estado deberían esclarecer más a los futuros contrayentes.

b. No. Pero creo que depende de los contrayentes buscar esa información.

c. Creo que la información básica de alguna manera se brinda.

4. ¿Cree usted que los ciudadanos deberían poder optar por distintos regímenes patrimoniales válidos durante el matrimonio, según su conveniencia?

a. Sí. Debería haber varias opciones, para que cada uno elija la que prefiere.

b. No. Pero el actual sistema patrimonial que rige en el matrimonio no me convence.

c. No. Creo que el actual sistema patrimonial satisface las necesidades de toda la población, en general.

5. ¿Es usted partidario de equiparar los derechos del matrimonio y del concubinato?

a. Sí.

b. Sí, con ciertas reservas.

c. No.

6. ¿Cree usted que, frente a los cambios sociales de los últimos decenios, sería útil consultar a la opinión pública masivamente sobre el matrimonio y el patrimonio, y los temas generales de este libro?

a. Sí.

b. No.

7. ¿Conoce usted algún caso de conflictos relacionados con el matrimonio y el patrimonio que se podría haber resuelto de otra manera aplicando conceptos vertidos en este libro?

a. Sí. ¿Cuál?

b. No.

8. ¿Qué utilidad le brindó este libro?

a. Me hizo tomar conciencia de muchos aspectos que estaba ignorando.

b. Me brindó información que me va a ser útil en el futuro.

c. Me sirvió para revisar mi propia situación patrimonial y/o de pareja.

d. Me decidió a adoptar alguna medida relacionada con la planificación.

e. No compartí el enfoque. (Ampliar.)

f. No comprendí el contenido.

g. Otra...

# Índice

# Leonardo J. Glikin

## Pensar la herencia

¿Se puede planificar una herencia? ¿Qué libertad nos otorga la ley para disponer de nuestros bienes? ¿Cómo hacer un testamento? Por otra parte, ¿qué ocurre cuando se es un posible heredero? ¿Cómo dialogar con un ser querido sobre el destino de su herencia? ¿Cómo protegerse de un fraude durante una sucesión? "Desde el padre que se aferra a sus bienes para dominar a sus hijos peleados entre sí, al rico empresario que, ya enfermo, deposita su fortuna en una cuenta secreta que ninguno de sus hijos logra ubicar jamás, –dice el Dr. *Leonardo J. Glikin*– he conocido muchas historias desgraciadas, a menudo debido a la mera imprevisión de los protagonistas."

Escrito en un lenguaje claro y fácil, despojado en lo posible de términos legales, *Pensar la herencia* aborda los aspectos patrimoniales y humanos de la denominada "planificación sucesoria".